营销能力与服务企业成长研究

——基于中国上市公司的经验证据

张立 著

湘潭大学出版社

图书在版编目（CIP）数据

营销能力与服务企业成长研究 ：基于中国上市公司的经验证据 / 张立著. -- 湘潭 ：湘潭大学出版社，2022.9
ISBN 978-7-5687-0874-6

Ⅰ. ①营… Ⅱ. ①张… Ⅲ. ①服务业－企业管理－市场营销－研究－中国 Ⅳ. ①F726.9

中国版本图书馆 CIP 数据核字（2022）第 167818 号

营销能力与服务企业成长研究：基于中国上市公司的经验证据

YINGXIAO NENGLI YU FUWU QIYE CHENGZHANG YANJIU:
JIYU ZHONGGUO SHANGSHI GONGSI DE JINGYAN ZHENGJU

张立 著

责任编辑：姚海琼　罗　联
封面设计：李　平
出版发行：湘潭大学出版社
社　　址：湖南省湘潭大学工程训练大楼
电　　话：0731-58298960 0731-58298966（传真）
邮　　编：411105
网　　址：http://press.xtu.edu.cn/
印　　刷：长沙创峰印务有限公司
经　　销：湖南省新华书店
开　　本：710 mm×1000 mm 1/16
印　　张：10
字　　数：169 千字
版　　次：2022 年 9 月第 1 版
印　　次：2023 年 1 月第 1 次印刷
书　　号：ISBN 978-7-5687-0874-6
定　　价：39.80 元

目 录

第1章　绪　论

2021年，我国服务业增加值同比增长8.2%，占国内生产总值比重达到53.3%。服务业具有非常大的发展潜力，随着中国中产阶级的快速崛起，人口老龄化的不断加剧，与互联网相关的服务业如云计算、大数据、电商、互联网金融等行业迅速发展，服务业将呈现爆发式发展。服务企业已经成为中国经济发展的生力军，同时，服务业发展水平已然成为评价国家竞争力或地区综合发展实力的重要指标之一。

企业承担着协调资源配置的功能，企业的成长是一个国家或地区得以蓬勃发展的原动力，企业的竞争力决定一个国家或地区的综合竞争力。特别是在全球化竞争的今天，大型跨国企业甚至拥有超越一些主权国家主体的财富。2016年的政府工作报告第一次提出“鼓励企业开展个性化定制、柔性化生产，培育精益求精的工匠精神，增品种、提品质、创品牌”的愿景。我国经济在近十年迅猛发展，企业也如雨后春笋般扩张，但是企业本身的经营状况并非那么理想。民营企业往往存在家族式经营问题，在企业发展周期的成熟期后容易停滞不前而缺乏竞争力，最后被市场淘汰。国有企业因为创新动力不足而略显老态。制造企业的很多行业受到国际供应商的制约。服务企业在成长过程中也存在诸多问题，如企业成长动力不明显、企业成长速度缓慢、成长方式不合理、缺乏对于企业核心能力的培育等，在服务理念及服务能力上与国际竞争对手有较大差距。因此，关于服务企业成长的研究，不管是基于理论还是实践，对于社会经济乃至国家的发展都具有重要意义。

企业成长的理论研究，首先是一个经济学的命题，不论是经济学还是管理学都非常关注。管理学和经济学的发展，以及不同学科之间的融合，能够为企业成长研究提供较好的研究工具与方法，从而推进研究的不断深入。但企业成长研究很复杂，很难对企业成长进行全面衡量与考察，其不仅涉及企业赖以生存和发展的外部宏观环境、市场环境，还涉及企业本身的内部结构。同时，研究还受限于数据的可得性。本书仅从营销能力对企业成长的影响的角度来研究企业成长的动力问题。

Drucker 早在 1954 年就认为商业类企业以创造顾客为目的，它有两项或仅有两项基本功能，即营销和创新。营销和创新能产生效益，而其他所有活动都是成本。目前，中国企业大多面临成长问题，要实现企业的持续成长，实现经济的可持续发展，一方面要靠企业创新来完成，另一方面，营销能力的提升和营销职能的完善是企业获得持续稳定利润的主要手段。随着市场及竞争环境的变化，营销理论与实践不断创新、发展和强化。过去把营销简单等同于推销或者认为营销仅是单一部门职能的误解与偏见正在改变，现代营销应是一个组织的灵魂，而不仅仅是企业职能体系中的一部分。营销管理已成为一种战略经营概念，在微观企业中具有非常重要的战略地位。被尊称为“现代市场营销学之父”的菲利普·科特勒认为“现代营销的地位已经从过去的一个职能地位演变为以顾客为核心的中心地位”。当企业能真正实践现代营销观念，以提升客户价值为中心，以营销职能为核心，打造真正意义上以营销为导向的企业，企业的营销必然会形成一种推动企业发展的作用力，这种作用力就是营销能力。营销能力是否能够推动企业发展，以及如何推动企业特别是服务企业成长和发展，正是本书所关注和研究的主题。

1.1 研究背景及价值

1.1.1 研究背景

企业在市场经济活动中处于关键地位，如果没有企业，交易必然会发生本质变化。尽管如此，企业成长问题一直未能引起足够的重视，其研究还不够深入。虽然 1959 年彭罗斯（Edith Penrose）发表了《企业成长理论》，为企业成长的研究奠定了基础，但遗憾的是，企业成长问题一直处于主流经济研究范畴的边缘地带。随着企业成长的地域边界被不断打破，遍布全球的跨国公司对于经济资源的掌控程度越来越高，对全球经济产生了影响，企业成长的问题才日益受到关注。企业发展的过程就是不断追求企业成长的过程，企业有没有相对竞争优势是关系到企业存续的重要因素。

现今的市场竞争越来越白热化，而且比以往任何时候都更加复杂、变化更快。这种日趋复杂的动态竞争环境对企业的竞争实践提出了更高的要求。企业间的竞争已超出了单纯的产品和服务竞争的范畴，体现为企业整体实力和竞争能力的对抗，任何只依靠外在的或显性化的职能战略，都只能使企业获得短暂的优势。因此，企业必须致力于整合现有的资源和能力，打造内在的长期的竞争优势以应对挑战。因此，对企业竞争力来源和组成的探索至关重要。

不同的理论对于企业竞争力有不同的理解。资源理论认为，企业的竞争优势源于企业专用性资源，正是这种资源的独特性促进了企业成长；能力理论认为，企业的竞争力不仅仅是资源禀赋的比较优势，更是资源利用效率所体现的自身核心能力；知识理论则侧重于强调企业在资源使用与经营中的知识积累，作为一种知识资本而推动企业成长。尽管不同理论的研究视角不同，但是能够明显发现它们的共同点，就是都强调了资源的作用，认为企业对于资源的配置能力、知识与经验，是内生的企业竞争力的重要来源。

内生的企业竞争力的获取与提升是长期以来理论界和企业界共同关注的问题。纵览时代变迁，可以发现企业竞争力发展演变的清晰脉络。在 20 世纪 50 年代，企业竞争力主要依赖于财务基础；到 60 年代，战略管理开始兴起，企业高度重视战略计划，并作为企业竞争力的一个重要考量；到 70 年代，企业结构与组织逐渐完善，主要通过产业结构分析、对外投资等战略打造竞争优势；直至 80 年代，对特有资源的开发能力才开始引起国内外企业重视。在企业的所有资源和能力中，最为重要的能力就是面向市场、获得客户资源的营销能力。营销能力是一种动态资源，主要是指在营销活动中产生和发展的，在动荡的环境与市场变化中，进行资源的再设计和开发，来创造顾客新价值的能力（高芳，2008）。依托营销能力打造的客户资源是企业长期稳定利润的来源，也是企业得以发展和成长的重要资源。营销能力具有稀缺性、难以复制性等特点，是企业竞争力的重要基础与核心。

国外学者在20世纪50年代便已开始关注服务企业的发展，而国内对服务企业的研究是在改革开放后的20世纪90年代。近年来，随着服务企业在世界经济和中国经济中扮演越来越重要的角色，关于服务企业研究的文献大量增长。在对服务企业进行研究的文献中，大多是定性研究或从制度经济学、公司治理等方面切入，鲜有从营销能力角度对服务企业成长进行研究的成果。营销能力是否影响服务企业成长？营销能力如何对服务企业成长产生影响？如何实现营销能力提升与服务企业成长的结合？本书将从这些问题出发，从营销能力的角度研究服务企业成长。

1.1.2 研究价值

1.1.2.1 理论价值

本书通过对企业成长理论等的相关文献进行全面梳理和综述，进而分析营销能力与企业成长之间的关系，对营销能力如何影响服务企业成长给予理论上的解释，为企业成长理论研究开辟了创新性的研究视角，在一定程度上诠释了一直被忽略的营销职能的重要性和价值。

1. 从营销能力的角度诠释服务企业成长

企业成长真正引起理论界的重视，应该归功于彭罗斯等经济学家。在20世纪中期，他们就提出了企业成长理论，认为企业成长的根源在于企业本身，即便企业能够拥有同质资源，但由于企业在配置资源的方式方法上的独特性，导致了企业成长的差异性，从而导致企业形成不同的竞争力。以早期的企业成长理论为基础，许多经济学家拓展了企业竞争力的研究范畴，最终形成了资源基础理论、核心能力理论、知识理论等几大派别，其共同点在于，它们均认为资源的优化配置形成企业竞争力。哪些因素会影响企业资源的配置方式呢？它们是怎样影响企业竞争力的呢？本书就是从营销能力的角度出发，探讨企业成长过程中的影响因素，并对营销能力的形成维度进行创新性的研究，进而提出提升营销能力、促进服务企业持续成长的策略。

不管是基于理论还是实践层面，都希望企业能够有效提高竞争力，持续成长。但是现有理论存在不足，研究重点不突出，内容过度散化。本书将研究重点聚焦在营销能力上，从理论上来看，它能够弥补现有理论在该研究领域的不足，也能为企业实践提供具体而明确的指导。美国营销科学研究院（MSI）近年的优先研究项目中，有多项研究主题与本书的研究主题相关，如优秀营销企业的关键能力、组织有效的营销革新、营销行为和营销战略对公司价值的影响等，由此可见，本书的研究主题是国内外理论界和实践界当前亟待解决的重要问题。通过本书的研究，我们将能够识别营销能力的关键影响因素，及其影响企业成长的机理和路径模型，从而更好地找出提升中国服务企业营销能力的途径，为企业成长实践提供依据。

虽然近年来对营销活动如何影响企业业绩的研究开始增多，但把企业成长与营销能力结合起来进行分析的研究还相当缺乏。本书拟在这一范畴做出有益尝试，并且得到一些有价值的发现。

2. 定量地揭示营销能力与企业成长之间的关系

本书通过面板数据从动态视角分析研究营销能力与企业成长之间的关系。对于营销能力的界定和研究，国内现有的文献中主要有两种方法：一种是通过调查问卷的方式设计量表，来定性地描述营销能力。另一种是通过单一变量如销售费用或营销投入作为变量指标代理营销能力。本书借鉴国外相关研究方法，运用投入-产出的框架来衡量营销能力，运用随机前沿分析（SFA）方法来研究营销能力。本书中的营销能力指标包括销售费用、一般管理费用、应收账款、最大顾客所占比例等，通过随机前沿分析方法和相关 Stata 命令将其转变为一个综合指标值，表示样本企业的营销能力，研究营销能力对企业成长的影响。在方法上与国际接轨，在结果上更合理，在应用上更方便，有更好的可操作性。

1.1.2.2　实践价值

我国服务企业近年来发展迅速，形成了不少大型企业，出现了大量上市公司，但是相对于制造业，还有较大差距。我国服务企业的成长大多数依靠的是规模扩张，而非企业能力。我国服务企业在经营规模与经营效率上，与国际先进企业相比还存在较大的差距，究其原因就是我国服务企业营销理念落后及营销投入不足，不仅严重制约了企业成长的速度，还影响了企业成长的模式，使企业徘徊于低水平的发展层次。

与此同时，营销能力的价值正日益被重视。企业借助其有形和无形的资源来了解市场需求，使产品差异化，加强顾客合作，获得较高的财务绩效（Nath et al.，2010）。企业会受到消费者和竞争行为的影响，当企业的营销能力较强时，它能够更好地捕捉到新的市场机遇（Jaworski et al.，1993）。目前中国正处于经济发展动能转换的关键时期，面临着经济结构转型与资源的重新组合，对于企业，特别是服务企业的经营与发展而言，将面对更多的环境不确定性，越来越动态化和复杂化的市场。整体来看，目前我国大多数企业营销能力处于劣势，对其重要性的认识也亟待提高。面对越来越激烈的市场竞争，相较于企业的生产能力和研发能力，营销能力已经成为企业赢取市场份额的最重要的工具。营销能力的提升需要从企业内部出发，优化营销理念，提升营销能力，使其更能动态匹配当下环境变化，在此基础上制定出更符合市场局势的发展战略，从而有利于维护企业竞争优势的持续性。

本书将从营销能力角度，剖析我国服务企业成长所存在的问题，从而为如何促使服务企业持续成长提出相关建议。

1.2 研究框架

1.2.1 内容安排

本书探讨营销能力对服务企业成长怎样产生影响及产生怎样的影响，进而期望其对我国服务企业成长及营销战略管理实践有一定借鉴意义。实证研究部分将基于2010—2020年服务企业上市公司的数据进行实证检验。主要探讨以下四个问题：（1）服务企业营销能力的构成维度及界定指标分析；（2）服务企业成长分析框架及界定指标；（3）营销能力对服务企业成长的影响路径研究；（4）营销能力对服务企业成长的影响机理分析。

本书共7章，具体安排是：

第1章，绪论。对本书研究的目的和意义、研究动机、研究内容、研究方法、创新之处等进行简要分析与说明。

第2章，国内外研究现状。围绕选题，查阅国内外学者的研究成果，全面梳理关于企业成长、营销能力的文献资料，进行比较、归纳、分析，并进行简单评述。

第3章，服务企业内生成长的理论分析。首先，描述我国服务业及服务企业的发展，通过对中国服务业上市公司2010—2020年财务数据进行统计，从行业规模现状、资产总额现状等方面揭示目前中国服务业上市公司的特点，以此从总体上对研究对象形成初步判断与了解；其次，以企业内生成长为理论基础，从资源、能力与成长的关系提出服务企业内生成长的机理。

第4章，营销能力与企业成长的构成维度与界定指标。首先，创新性地界定了基于客户价值的营销能力，在此基础上提出了服务企业营销能力的维度及界定指标，最后在归纳文献的基础上确定了本书对企业成长的分析框架和指标。

第5章，营销能力对服务企业成长的影响路径与作用机理。通过营销能力与竞争优势的关系图、企业竞争优势形成路径图和营销能力对服务企业成长的影响路径模型图，分析得出营销能力是企业竞争优势的重要来源，营销能力在赢得和维持竞争优势的过程中发挥核心作用，其他企业能力为客户提供的价值最终仍需通过营销能力传递出去。客户价值是企业获取持续竞争优势的途径，客户价值是企业获得优势的出发点，也是企业竞争优势的显示标。来源于客户价值探索、创造和传递能力的营销能力通过提升企业竞争优势影响企业成长。在影响路径研究的基础上，分为两个层次分析基于客户价值的营销能力对企业成长的作用机理。第一个层次是对基于客户价值的营销能力进行分解，研究营销能力的每个构成维度对服务企业成长的影响。第二个层次是根据前人关于营销能力对企业成长速度、规模及方式影响的研究，对营销能力影响服务企业的内外部成长机理进行分析。

第6章，营销能力与服务企业成长实证分析。首先介绍实证研究的数据来源、变量选择，确定因变量为企业成长，自变量为营销能力，控制变量为政府补贴、最大股东持股比例、存货周转率、企业年龄和企业规模，调节变量为政企关联。根据2010—2020年我国服务业上市公司数据进行主要变量的描述统计分析，营销能力对营业收入增长率的影响分析，营销能力对总资产增长率的影响分析，营销能力对净利润增长率的影响分析，营销能力对基本每股收益增长率的影响分析，营销能力对企业成长方式的影响分析，政企关联对营销能力与企业成长关系的调节作用分析。同时，为了确保实证结果的严谨性，进行了相关的稳健性检验。

第 7 章，研究结论、政策建议与研究展望。对全书研究内容与研究结论进行了总结与概括，围绕服务企业营销能力的提升与企业持续成长提出政策建议，并且指出了未来值得进一步研究的方向。

1.2.2 研究思路

本书主要研究营销能力与服务企业成长之间的关系，探究营销能力影响服务企业成长的机制，通过构建理论模型进行实证检验，试图找到帮助服务企业持续成长的“资源密码”。本书的研究思路和总体框架见图 1-1。

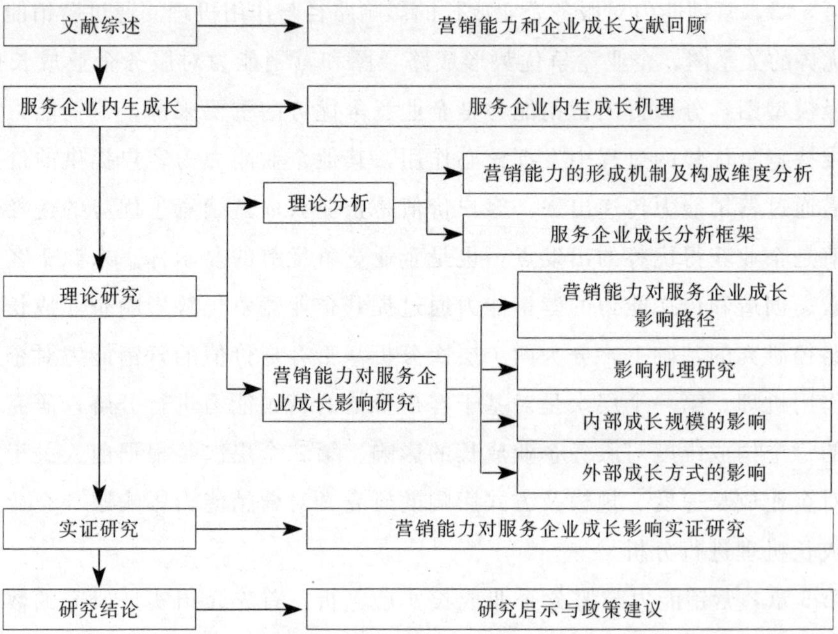

图 1-1 研究思路与总体框架

1.3 研究方法

本书以营销能力与服务企业成长的关系为研究对象，综合运用微观经济学、宏观经济学、管理学基本理论和研究方法进行研究。根据研究内容和实证需要，本书采取以下研究分析方法：

1. 结合使用规范研究方法与实证研究方法、定性分析方法与定量分析方法

运用定性与定量研究相结合，规范与实证研究相结合的方式展开研究。首先，通过文献研究，广泛收集国内外相关文献，以企业营销能力、服务企业成长等概念为核心，进行文献资料的整理与归纳，以便为本书的研究找到切入点，厘清研究的理论基础，确定研究视角。其次，结合我国上市服务企业的特征描述与统计，借助相关理论提出本书的概念与研究模型。

本书所使用的数据来源于中国上市服务企业2010—2020年的数据，采用Stata作为主体统计分析软件，通过描述性统计分析、随机前沿分析等方法来进行实证研究。定量分析主要是通过246家上市服务企业11个年度的数据，验证本书所提出的假设。

2. 跨学科多角度研究

为了更好地研究营销能力与服务企业成长之间的关系，综合使用了经济学、管理学的理论及相关方法，研究呈现跨学科、多角度的特点，使得研究具有更强的解释力与严谨性。

1.4 主要创新与不足

1.4.1 创新之处

1. 研究角度及理论上的创新

本书从营销能力的角度研究我国服务企业的成长。在研究过程中发现，国外在研究企业发展时对营销能力较为重视，但国内还少有研究从这个角度来分析企业成长。主要是因为我国过去较长时间对营销能力的理解有偏见和误解，企业也更多地关注研发和创新等对企业成长的影响。即使关注营销能力，也是静态关注或者关注和研究其单一变量，如绩效。

本书完整、系统地研究了营销能力与服务企业成长的关系，创新性地界定了基于客户价值的营销能力的概念，补充性探讨了营销能力的构成维度，尝试探讨和研究营销能力对服务企业成长的影响路径与影响机理，在理论上有一定

创新。

2. 采用新的方法和数据测算营销能力

本书应用随机前沿分析方法综合测算营销能力，从动态的角度分析企业成长与营销能力的关系。本书实证部分应用了 2010—2020 年中国服务业上市公司数据，其中有 4 个变量的数据是通过年报及企业网站手工搜集，数据具有一定的独有性。同时，研究样本时间跨度大，能够更好地反映目前服务企业成长的情况。

1.4.2 不足之处

作者在研究过程中力求做到规范、完善，但由于个人能力和时间有限，本书仍然存在不足之处，主要表现在以下 3 个方面：第一，由于非上市服务企业资料与数据难以获取，本书重点考察了中国上市服务企业的营销能力及企业成长，对非上市服务企业仍有待于深入研究。第二，本书研究的重点是营销能力与服务企业成长的关系，界定营销能力和服务企业成长的方法和指标很多，但是本书仅围绕服务企业的特点进行了主观界定，可能存在局限性。第三，本书选择了上市公司数据进行定量研究，而很多研究者用问卷搜集一手数据对营销能力进行定性描述，因为研究方法的不同，给本研究带来了一定的局限性。

第 2 章　国内外研究现状

本章全面完整地梳理关于营销能力和服务企业成长的文献资料并进行简单评述。

2.1　企业成长研究综述

2.1.1　企业成长理论的变迁

2.1.1.1　古典、新古典经济学的企业成长理论

古典经济学对企业成长的诠释主要围绕“分工”这一核心要素进行。斯密通过对工作流程的分析，发现在分工状态下企业的工作效率与产生的经济效率要远远高于未分工状态。分工使企业能够以较低的成本获得较高的产量与利润，据此，他认为企业的分工程度越高，相应企业的成长性越高。随着分工程度的不断加深，必然会不断繁殖与培育出新的产业和企业，因而在国民经济中，分工程度越高，产业数量与企业数量也相对越多。斯密运用分工理论诠释了单个企业成长与整个国民经济中产业与企业数量增加这两个方面的企业成长。

之后的学者在此基础上不断夯实企业成长理论。马歇尔在肯定规模经济能够促进企业成长这一古典经济学基本观点后，引入稳定的竞争均衡条件进行分析。马歇尔研究发现，随着企业规模的不断扩大，企业的灵活性不断降低，抗击风险的能力下降，企业的竞争能力不断被削弱，规模效益所带来的企业成长的正面效益不断被其负面效益所抵消。当企业规模超越某一临界点，规模的扩展将不利于

企业成长。并且，管理者的管理能力、寿命都是有限的，随着企业的不断成长，这些因素会成为影响企业发展的制约性因素。随着新企业家与新企业的涌入，对现有企业的挑战不断加大，也冲击了现有行业的垄断地位，制约了企业与行业的成长。斯蒂格勒将企业生命周期理论引入规模经济效益与企业成长关系的研究分析中。他研究发现，在企业生命周期的初期，企业的成长主要依靠企业内部的力量，通过企业内部分工的不断细化实现企业的成长。随着企业的不断发展，进入成熟期的企业，其成长模式划分为两种方向：一是通过不断提升企业的专业化水平，通过高度专业化来实现企业成长的规模效益。二是随着企业发展，社会化分工向更为精细的方面发展，从而实现企业数量的不断增加，进而实现企业成长。这两个发展方向在生命周期的成熟阶段是同时并存、共同发展的。

新古典经济学中关于企业成长方面的研究并未形成独立的研究体系，而是作为成本研究中的重要组成部分，运用于静态条件下最优企业规模的探究。新古典经济学认为，企业的成长实质是通过调整产品的产量以实现最优规模的调整过程，换言之，是指企业通过产量调整实现从非最优规模向最优规模转变的过程。这一调整过程主要是通过给定的函数实现的。函数中利润最大化这一目标是既定的，企业在函数中其他约束都是确定的条件下，根据既定的实现最优化的函数规则做出选择，而这一选择过程主要基于函数的最优化规则，企业并没有自主进行选择的余地。新古典经济理论认为，影响企业成长的主要因素皆是外生性的，企业成长主要受成本与需求的变动影响。影响企业成本变动的主要因素是技术创新以及生产要素价格的变动。影响需求变动的主要因素是消费者收入变动或者消费偏好的变动。成本的降低、收入的提高或偏好的增强能够促进企业规模扩大，实现企业成长。但是，新古典经济学认为，在实现长期均衡的过程中，企业成长与利润之间并不存在预期的函数关系，只有在短期中，企业资源的逐利性会驱使资源向利润高的企业或行业转移，从而形成企业成长与短期利润间的正相关关系。在此基础上，新古典经济学进一步引入时间要素，建立跨时间约束实现利润最大化的动态均衡模型，该模型的最优目标为实现预期利润现值的最大化。这一模型表明，即使静态模型认为当前已经处于利润最大化的最优规模状况，如果动态模型研究表明企业预期的利润最大化条件下预期最优规模大于当前最优规模，企业仍然应当通过扩大规模，实现企业的成长。

2.1.1.2　新制度经济学的企业成长理论及企业成长的制度变迁理论

新制度经济学对于企业成长的研究主要从两个理论入手：交易成本理论与委托代理理论。交易成本理论主要探究企业与市场两者之间的关系以透析企业的性质与企业的边界范围。委托代理理论主要用于分析企业内部治理结构与代理关系。企业成长主要表现为两个方面的成长：一是企业自身生产经营规模的扩展；二是企业生产经营功能的扩大，即将原来隶属于市场的交易行为纳入企业经营过程，实现企业边界的扩大。

从新制度经济学角度，主要是分析企业边界扩展这一成长方式。企业边界的扩展主要通过三种模式：横向扩展、纵向扩展、多样化扩展。进行企业边界扩展的主要驱动因素在于帮助企业节约交易成本。新制度经济学主要聚焦于企业成长中的纵向扩展。科斯的研究认为，企业在市场交易过程中，可能会产生谈判、签约、监督等多项交易费用，为降低交易费用，企业可以通过将市场交易行为内部化，变成企业内部活动，由企业统一进行资源配置。因此，企业可以通过实现交易行为的内部化降低交易成本，但同时可能导致企业内部资源管理协调成本的上升。交易成本与资源管理协调成本二者之间的均衡统一点即为企业的边界。基于此，降低交易成本是实现企业成长的驱动力。一般而言，交易成本与市场的繁荣程度成负相关关系，即市场越繁荣，交易成本越低。据此，科斯认为市场越繁荣，产生的交易成本越低，企业成长的动力也就越低；反之亦然。科斯的这一研究结论与实践明显不相符。实践经验表明，市场越发达的地区，企业成长越迅速。杨小凯等（1993）进行了进一步的研究，将交易效率纳入研究范围。新制度经济学认为，市场越发达，随着市场交易的扩大，交易成本增加，交易效率越高。当市场交易效率提高带来的收益大于交易成本时，市场越发达，企业成长也就越好。

威廉姆森基于交易效率、资产专用性与不确定性三个方面对交易成本进行了全面的界定，并以此为基础对企业边界进行了分析，以企业核心技术为落脚点率先提出“有效边界”这一概念。交易成本理论认为，企业是由一个个连续生产环节构造而成的有机的纵向化实体，这一连续生产过程的各个环节是由一个个市场交易连接在一起的，这就要求各环节在连接过程中签订一系列契约。由于信息不对称，企业签订的一系列契约都是不完备契约，这就为机会主义提供了契机，很可能在前期出现投资不足的状况。为了保证资产专用性，企业会采取纵向一体化，即前向或后向的一体化，将市场交易纳入企业自身经营管理过程。这一类企业成长即为企业纵向边界的扩展。

在新制度经济学范畴中，企业边界扩展的过程即企业成长，减少交易费用是企业成长的动因所在。企业的边界可以分为纵向边界、横向边界以及多元化经营边界。新制度经济学中企业边界的扩展是指企业纵向边界的扩展。科斯界定了企业成长的规模边界，即市场交易费用与组织协调管理费用相等。威廉姆森认为，企业会进行前向一体化和后向一体化，从而把原有的市场交易纳入企业内部来实现企业的成长。格罗斯曼和哈特对资产所有权的重要性进行强调，进一步明确了纵向一体化的含义。

钱德勒基于宏观与历史的视角就企业成长制度变迁理论进行了较为深入的探索。他认为，基于企业变迁的过程，可以将企业划分为古典企业与现代企业两种企业类型。在企业成长的历史洪流中，古典企业逐步成长为现代企业，这一历史变迁不仅对企业自身的发展产生了巨大影响，也对社会经济体制变迁产生了关键性作用。

企业由古典企业向现代企业转变主要受到企业经营规模扩展的影响，而同时它又是推动和保持企业经营规模扩展所必需的条件。要实现企业经营规模的扩展，首先是进行大规模生产与大规模分配。大规模分配主要是指随着通信技术与交通运输业的日新月异，大量中间层次经销商涌现并存在于现代企业中。大规模生产主要体现于生产规模的日益扩大，它产生的时间略晚于大规模分配，主要是因为其出现不仅需要通信与交通技术的发展，还需要其他技术上的突破作为催化剂。然后，需要将大规模生产与分配融合运用于单一的企业中，而二者在同一企业内的结合正是企业通过横向与纵向一体化将大量市场交易转化为企业内部活动的过程。这意味着企业的成长需要将部分市场交易转化为企业内部的活动。伴随着企业一体化的成长进程，企业内部的管理协调机制必然也需要同步进行变革，因而企业内部组织机构的变革必然是企业成长中的一个重要步骤。古典企业中一般很少存在中间管理层，而随着企业一体化进程的深入，企业内部活动日益复杂，需要更为复杂的组织机构来进行企业管理。这使得企业管理机构向两个方向发展：一方面，水平方向同一层次中不同职能部门各司其职；另一方面，企业出现多层次的垂直管理体系。钱德勒研究认为，垂直管理体系的出现是古典企业向现代企业转变的重要标志。

2.1.1.3　彭罗斯及管理者理论的企业成长理论

彭罗斯等研究提出的企业成长理论主要是分析单个企业成长的内在推动力，也称为内生成长理论。内生成长理论认为影响企业成长的主要因素是企业的资源、能力，基于此，建立了一个由企业资源到企业能力，进而发展为企业成长的分析研究框架。

企业拥有的资源是企业成长的源泉，是形成企业能力的基石。企业拥有的资源主要包括两大类：物质资源与人力资源。物质资源功效的强弱主要依赖于人力资源的质量，二者相互作用，共同构成每一个企业独特的生产机会。企业通过知识的积累能够有效地提升企业利用资源的效率，同时，资源利用效率的提升又为知识的积累提供基本的物质条件。彭罗斯的企业成长理论中特别提出了管理团队知识积累的重要性，团队协作是企业内部相互配合与协作的重要基础，被认为是企业组织资本的一部分。正因为团队协作的重要性，伴随企业发展所形成的企业管理团队被视为企业发展中最有价值的资源之一，管理团队的能力水平直接决定了企业管理的水平与质量。同时，彭罗斯认为，企业内部尚未利用的资源是企业创新能力的重要源泉，而企业内部资源的利用将持续处于不平衡状态，这也意味着每一个企业每一时刻都必然存在未利用资源，能为企业带来持续的创新能力。因此，企业的创新活动从本质上说是企业的内在活动。

企业资源是企业能力的源泉，企业能力则是影响企业成长最为直接的因素，对企业成长的方式、方向、速度以及界限有着直观的影响。企业能力中最为核心的能力是企业的管理能力，即企业的管理能力是企业成长的至关重要的因素，我们称之为“彭罗斯效应”。企业管理能力不是通过市场交易而获取，而是企业管理团队所具备的管理知识与经验的结合体。企业的管理活动是指企业运用其管理能力对企业资源进行的最为有效的利用与分配。企业管理能力决定了企业利用各类资源从事生产经营活动所能创造的产品和服务的水平与质量，进而对企业成长产生巨大作用。彭罗斯等通过研究发现，企业的管理能力与企业多元化的成长模式之间存在显著的正相关关系。彭罗斯的企业成长理论还认为，除了管理能力外，企业的创新能力也是企业成长的重要因素。她基于熊彼特等人关于创新方面的研究，认为企业成长的重要因素是挖掘企业的成长潜力，而成长潜力的挖掘需要依靠企业在产品与组织等方面所具备的创新能力。

管理者理论是从现代企业中所有权与经营权相分离后，研究者对企业经营管理者进行研究分析的成果中提炼归纳而来。在现代企业中，随着企业规模的不断扩大，企业的所有权与经营权相分离成为现代企业发展的必然趋势。企业经营权与所有权的分离导致经营管理者成了企业的实际控制人，企业的目标由实现企业利润最大化向实现管理者利益最大化转变。基于企业管理者的特征，追求利润最大化不再是管理层关注的重点。管理层为实现自身利益最大化，往往把关注的中心放在企业规模的扩大上，即追求企业成长成为企业的核心目标。基于管理层的这一特征，管理者理论将企业成长作为企业实现效益最大化目标函数的目标，在此基础上探寻影响企业成长的决定性因素。

在所有权与经营权相分离的企业中，企业管理者往往在企业所有者能够接受的净利润水平范围内将企业的销售利润最大化作为追求的目标，在这一目标条件下，企业的最优产量规模往往大于企业追求利润最大化时所设定的产量规模。1964 年，威廉姆森建立了一个实现管理者效用最大化目标的模型，并认为可供管理者自由支配的资源数量、受管理者管理的员工数量、管理者在企业获取的货币收入是影响管理者效用最为关键的三个要素，而这三个要素与企业规模存在明显的相关关系。因而，管理者在实现管理效用最大化的过程中必然也在追寻企业规模的扩大，刺激企业的成长。

马里斯关于企业成长理论的论述也是以单个企业作为研究对象，即是一种内生性的成长理论。他以企业的稳定增长作为基础，结合企业的需求增长和供给增长，构建了一个标准的基于管理层控制的企业成长模型。该模型假设企业所有的影响因素都处于稳定不变的增长状态，在此基础上，以管理者效用最大化作为目标。研究发现，只有在企业的供给增长率与需求增长率相等时，才能实现管理者效用的最大化，而这也意味着实现了企业增长率的最大化。本书的研究正是基于资源基础论的视角。

2.1.2 企业成长内涵和指标研究综述

企业成长的概念早已有诸多学者进行了研究，因关注视角的不同，企业成长在不同领域中具有不同的含义。

从亚当·斯密研究手工工场中的劳动分工开始，企业成长问题就进入了人们的研究视野。市场范围会限制劳动分工，在市场范围允许的情况下，手工工场内部的劳动分工水平逐渐提高，手工工场的规模逐渐扩大，从事手工劳动的工人数量和创造出的产品数量也随之增加，而企业规模扩张的过程就是企业成长的过程。因此，企业规模与企业成长的关系就被确定下来。“规模经济”是古典经济学对于企业成长的重要理解。马歇尔是企业成长规模经济决定论的积极倡导者，他认为企业能否获得规模经济有赖于企业所处的产业状况，以及企业内部资源的状况，当外部经济条件与内部经济条件同时具备时，企业的规模就会扩大。在古典经济学的研究范畴内，企业实现规模经济的过程就是企业成长。

而在新古典经济学的分析框架中，企业只是作为一个生产函数，企业成长就是企业从非最优规模达到最优规模的过程。交易成本经济学的出现使“企业”这个黑箱被重新开启。科斯在《企业的性质》一文中解释企业的本质时，第一次运用了交易成本的概念，他提出企业在本质上就是价格机制的替代物。科斯认为，企业边界扩大的过程就是企业成长，企业规模的扩大是为了节约市场交易时产生的费用。威廉姆森把交易作为基本的分析单位，通过对不同经济组织模式的交易成本进行比较来对组织资源配置的相对效率进行评价。在威廉姆森的研究中，最为关键的概念是“资产专用性”。他将划分交易的标准确定为交易频率、不确定性和资产专用性。他认为“资产专用性”的存在是企业取代市场的原因。威廉姆森认为，企业的规模扩张只能存在于某一特定资产专用性范围内，超出这一范围，企业的规模不但不会扩张甚至还会出现缩减。

可以看出，企业成长的含义在交易成本经济学中被限定到了一定的交易范围内。研究者关注的焦点在于企业规模的界限，他们的研究证明，企业不可能无限度地扩大规模，企业的规模存在一个极限。

彭罗斯的《企业成长理论》一书奠定了企业成长理论的基础。如果说前人是从经济学角度来看待规模对成长的作用，彭罗斯则从企业管理的角度对企业成长的原因做了清晰的解释。她以企业成长为研究对象，对引起企业成长的原因进行了内外部划分。有效地利用现有企业资源是企业成长的关键因素，因为企业本身是一个资源的集合体，不断从中挖掘出新的可以持续利用的资源，这一过程便是企业成长的过程。另外，她还强调了企业吸收新的管理能力对于企业成长的重要性。钱德勒对于企业成长的观点则与彭罗斯不同，他更认可技术和市场的作用，他认为技术应用和市场的扩大是企业成长的根本原因，而且组织模式需要跟随需求和技术的变化而变化。熊彼特认为企业是在创新中成长的，同时肯定了企业家精神对于推动企业成长的重要作用。

杨杜在研究中传承了彭罗斯的观点，在其著作《企业成长论》中指出，企业成长理论起源于对大规模生产规律的研究。他认为企业成长的关键是对未利用资源的持续性挖掘和利用，保持成长才是关键，规模只是产物，质的成长才是企业所需的。企业的成功得益于多种经济效益的复合，了解企业才能找到企业成长合适的方法和速度。

从上述理论研究演变可以看出，学者对于企业成长的观点是不断与时俱进的。

成长有很多含义，它可以指商业上一系列收入增值、价值增加和规模增加，也可以以定性特征来测量，比如市场地位、产品质量和商誉等。企业成长是指企业内在价值的提升与外部价值网络的优化，并通过有效的商业模式、企业战略及策略等获得市场竞争优势，进而使得企业业绩增长的过程。

企业成长可以用组织变量来衡量，也可以用财务指标来衡量。组织指标是指组织雇员和结构的变化，例如雇员增长率（Erik Stam et al.，2009）。而财务指标则更关注产出（如利润和收入）或是价值（如资产），例如销售额增长率和员工增长率（Nolan et al.，1980；Alfredo et al.，2003）

成长的测度是多样的。可以采用单一的指标，也可以采用指标体系；可以采用绝对指标，也可以采用相对指标。采用单一指标是常见的测量方式，但是往往不能综合反映组织成长。采用指标体系是通过设计评价模型，建立指标体系，根据不同指标在评价中的地位，赋予每个评价指标权数，求得加权平均即是成长。采用指标体系的缺点是比较主观，不能动态反映企业成长变动情况。企业成长的常见指标主要有销售收入、员工人数、托宾 q 值、资产规模和利润。销售收入方面的指标主要有主营业务增长率，通过总资产增长率、净资产增长率衡量资产。利润方面的具体指标有每股收益、销售利润率、净资产收益率、总资产收益率等。在国内文献中，更常见的是使用综合指标。例如：使用净利润增长率

（EGR）和主营业务收入增长率（SGR）来测量企业成长（杜江，2008）；使用销售收入、净收入和员工三者的平均增长率测量企业成长（Qian et al.，2010）；使用销售收入增长、雇员数量增长和净利润增长这三个指标来测量企业成长（吕一博 等，2008）。

本书认同不能用单一的指标定义企业成长。类似彭罗斯、杨杜的观点，本书认为企业成长应该是多维度的，既包括规模、业绩等内部的成长，还包括外部成长。

2.1.3　企业成长的影响因素研究综述

1. 企业规模和年龄影响企业成长

Dunne 和 Hughes（1994）发现，制造企业的成长波动与企业规模和年龄是负相关的。Mateev 和 Anastasov（2010）认为，总资产作为企业规模的测量指标对销售收入有直接影响，但是企业员工总量、研发投资和其他无形资产与企业成长无关。

2. 战略和组织设计影响企业成长

资源、战略、商业机会、业务环境、增长行为、机会探索和过程产出是对企业成长演化有重要影响的因素（Vesa Puhakka et al.，2011）。从企业战略层面看，企业采取多样化的战略，实现企业成长目标的可能性会提高（Chaston et al.,1997）。国际化战略影响企业成长及规模分布。总体上，贸易自由化对企业的规模扩张能够产生有利影响（盛斌 等，2015）。从组织角度看，组织柔性可以划分为结构柔性、资源柔性、能力柔性、文化柔性四个维度。资源柔性、能力柔性、文化柔性对于中小型高科技企业质的优化和量的扩张均有正向影响；结构柔性对于企业量的扩张无正向影响，对企业质的优化有正向影响（赵忠伟 等，2019）。同时，组织设计影响动态能力和企业成长（Nancy M P Bocken et al.，2020）。双重网络的嵌入对于企业成长有着较为显著的正向影响（彭伟 等，2018）。在多部门企业中，组织注意力也影响企业成长，企业干预、管理资源任命、原型设计和企业章程引导管理层的注意力，使其识别新的机会以支持增长（John Joseph et al.，2018）。从商业模式方面看，当行业外商业模式与新技术捆绑在一起时，以及当创始人拥有有效协调这些资源组合所需的行业经验时，行业外商业模式模仿可以促进企业成长（Karolin Frankenberger et al.，2020）。在中国的社会环境下，企业所承担的社会责任能够促进企业在技术上的创新，从而推进企业成长。在企业的社会责任与企业成长的关系中，技术创新起到一定的中介作用，而在企业的技术创新和社会责任的关系中，组织冗余起到了显著的正向调节作用（孟猛猛 等，2019）。

3. 制度和环境影响企业成长

制度差异会对企业成长产生影响，以 Peng、Aguilera、Campbell 等为代表的学者构建了制度理论，应用于企业成长研究的基本分析范式，形成了以美国-英国-西班牙-加拿大-意大利-澳大利亚-瑞典为中心的核心学术群体（李玉刚 等，2020）。企业在成长和进化的过程中受到企业内生制度结构和外生制度环境的共同影响。私营企业在实现可持续成长、延长企业生命周期的过程中，其创新的主体不能够局限在企业本身，政府作为制度环境的供给者也应该发挥出积极的作用（王子林 等，2017）。制度性摩擦成本对企业成长也有影响。制度性摩擦成本总体上呈下降趋势，其通过运营加速效应和政策效应对企业成长产生负向影响（徐凤 等，2021）。很多学者关注政府环境的影响，不同类型的企业在成长的过程中都会受到来自自然资源、人力资源、科技环境、商业环境以及相关政策法制的影响，由于企业类型不同，其结果存在着一定的差异。从国家层面来看，高新技术企业在成长的过程中主要受到来自科技环境和政府环境的影响，而金融和法律等方面的因素对高新技术企业所造成的影响相对有限，市场环境因素会对高新技术企业成长产生一定的消极影响（郭韬 等，2017）。现实中的企业在进行内部能力建设的同时，也会去寻求政府的扶持，从而获得某种竞争优势。在企业资源有限的情况下，需要在两者之间进行权衡，运用品质纵向差异竞争模型进行解释。在政府授予的财力和处置权很大，而产品品质优势的提升与维护却很难的情况下，企业则会着重于外部政治关联而非内部能力建设（杨其静，2011）。中国企业家热衷于政治关联，在资源获取的角度上，政治关联直接促进了企业的生存，短期内对企业成长有着明显的帮助，但是长期的效应不是很明显（成力为 等，2017）。在上市公司的客户当中，拥有政府背景的订单的占比越大，企业在盈利上的增长能力也就越强，企业的估值水平也就越高（窦超 等，2019）。从行业环境来看，产融结合能缓解制造业企业的融资约束，从而促进企业成长能力的提升，制造业企业持股非上市金融机构对其成长能力的提升具有显著的正向作用（张春海，2017）。参股金融机构能够促进企业成长，但只有持股比例达到一定程度，这一促进效应才能有效发挥。进一步的研究表明，融资约束的缓解与创新能力的增加是产融结合促进企业成长的重要渠道（马红 等，2017）。

4. 创新影响企业成长

创新型企业文化有利于企业成长，创新导向的价值观念和创新导向的激励机制是企业成长的重要途径（丁宇，2020）。

从创新机会的角度看，在新创企业的过程中，探索模式和利用模式这两类失败学习模式对于企业成长过程中把握成长机会有影响（黎常 等，2016）。从创新导向的角度看，在转型时期，创业导向和环境要素对企业成长的影响较大（徐凤增 等，2016）。创业导向对新创家族企业的成长具有正向影响（刘小元 等，2017）。社会情感财富不同对家族企业创业导向与企业成长关系的影响不同，家族控制正向调节家族企业创业导向与企业成长关系，家族代际传承意愿负向调节家族企业创业导向与企业成长关系（周立新，2018）。高差异性和高合法性是企业资源行动所追求的理想状态，且在不同发展阶段二者的侧重点不同；创业导向为企业资源行动策略提供方向，而资源行动策略则是创业导向得以实施的保障，二者相互契合，共同促进企业成长（余义勇 等，2021）。从创新资源的角度看，R&D投入规模和强度这两个企业创新能力重要指标对制造企业成长的影响较为明显（李洪亚，2014）。在企业成长的过程中，网络嵌入性、技术创新所造成的差异性和转化机制影响企业成长。中小企业成长与网络嵌入性有着较为显著的正相关关系，技术的动荡性对企业的成长和技术创新之间的关系存在正向调节的作用（陶秋燕 等，2017）。企业整体上的创新投入水平与企业的成长呈U形关系。集中性的企业股权结构能够对企业的创新投入和成长之间的关系起到正向调节的作用，而企业股权的制衡度在这一关系当中存在负向调节的作用（霍晓萍，2019）。企业拥有的专利授权数量对企业成长具有积极的正向影响作用，研发资金投入和研发人力资本的投入短期内对企业成长没有明显的正向影响（田雪姣 等，2020）。创新投入与科技型中小微企业成长性正相关（刘睿智 等，2021）。研发投入对企业成长的影响存在滞后效应（王楠 等，2021）。激进式绿色技术创新对企业成长的正向影响比渐进式绿色技术创新更为显著（龚红 等，2022）。企业成长过程伴随着资源基础与创业能力的共演化，资源编排在企业初创成长期不同阶段所发挥的作用各有侧重，均能够直接或间接驱动企业成长（黄昊 等，2020）。

5. 金融科技影响企业成长

金融科技发展显著驱动企业成长，金融科技的覆盖广度、使用深度、数字支持服务程度均会对企业成长产生影响（汪洋 等，2020）。金融科技发展主要通过降低中小企业外部融资约束以及提高企业研发创新的渠道对企业成长产生促进作用（吴传琦 等，2021）。金融集聚度和企业研发投入的提升对企业成长具有正向影响（张玄 等，2016）。数字金融显著促进企业成长，且融资约束越严重，数字金融促进企业成长的作用越大（高霞 等，2022）。

6. 营销影响企业成长

市场竞争愈发激烈，营销在企业运营和成长中的作用也日益重要。营销资源是企业拥有的稀缺的、不可复制的、有价值的和不可替代的资源之一，是企业的核心资源（杨璟，2013）。营销资源对于企业成长是有帮助的，与企业营销相关的营销文化、营销情报、市场定位能力等与企业成长指标以及盈利能力存在显著的正相关关系。营销能力是推动企业成长的重要力量，有利于企业保持竞争优势。营销投入对企业成长有正向的影响，营销投入对于提高企业经营绩效有重要作用，是企业成长重要的动力（王亚奎 等，2015）。

7. 企业治理结构影响企业成长

现有研究中，治理结构对企业成长影响的变量包括：企业家的国有企业工作经历（徐尚昆 等，2020），CEO 自恋、高管团队社会资本（王维 等，2020），创始人特质、家族涉入（李拯非 等，2020），连锁董事网络嵌入、内外部董事之间的认知距离（李小青 等，2020），企业家心理韧性（王维 等，2021；乔朋华 等，2022），合伙人团队特征、合伙人团队契约治理（刘礼花 等，2021），管理者认知（李云健 等，2021），差异化管理行为（郭淳凡 等，2022），管理层权力、高管持股（李益娟 等，2016）。

8. 企业成长的瓶颈与约束

企业在成长的过程中会遇到很多瓶颈和阻力，其中最主要的是融资约束。融资难是企业成长巨大的阻力。私营企业在成长初期倚仗较高生产率产生的内部现金流缓解短期融资约束，到企业成长的中后期，不充分的外部融资市场将成为私营企业的桎梏（方宇惟 等，2014）。即使是中国制造行业的上市公司这一类获利能力强、具有一定市场活力的企业，在融资这一问题上依旧面临着一定的约束（李洁 等，2016）。在对利率敏感的行业当中，债务水平和短期债务与企业成长呈负相关关系，而在成长性的行业当中则表现为正相关；中小企业成长性受不同来源的融资成本的影响较大（刘玉来，2016）。海外上市，拥有良好的融资环境，通过改善企业外部融资约束可以促进企业成长。

高管身份跨界范围对民营企业成长有显著的负向影响，而高管身份跨界级别的影响却是正向的（陶厚永 等，2016）。企业家认知风格通过影响企业战略进而影响企业成长，在企业发展的不同阶段，企业家认知风格不同，对于企业成长的作用也不同（王艳子 等，2017）。高管团队任期较长、受教育程度较高，有利于促进高科技企业成长，但高管团队的职业经历过多不利于高科技企业成长（彭中文 等，2018）。自我学习的企业家特质与企业成长显著正相关，风险偏好与企业短期经营绩效显著正相关，企业家地域思维特质与企业成长显著负相关（张云川 等，2019）。

2.1.4　企业成长阶段与模型研究综述

企业发展有五个阶段。一是诞生阶段，企业建立工作流程。二是生存阶段，企业家感到在业务增加的基础上，有必要投入资金，扩展业务，增加家族成员或合作伙伴，企业的首要目标是损益均衡。三是继承阶段，企业有充足的资金投资未来的商业机会或是维持现有的成长速度，企业建立团队，发展关键领域的人才。四是起飞阶段，企业关注的是进一步发展、扩张和寻找新的机会。五是资源成熟阶段，公司更加强调质量控制、金融控制和创造利基市场（Churchill et al.，1983）。

总的来说，企业成长理论模型有两类：第一类认为成长是连续的、线性的、不变的和确定的（Hanks et al.，1994），企业成长路径是从诞生到生存、继承、腾飞，最后再造或死亡（Loasby et al.，1982）。企业的竞争力从第一阶段开始持续增加，在衰退阶段，企业的竞争力会下降变弱。第二类认为企业成长有快有慢，取决于成长的愿望和促进成长的要素的强度，所以成长并没有标准，甚至不是连续的（Blundel et al.，2001）。企业成长阶段和路径与组织无关（Phelps et al.,2007），企业成长靠的是企业家的视野和立足点。

研究者对企业成长阶段并没有一致的看法，企业具体的成长过程和产生转变的原因尚不明确。企业的成长会随着企业生命周期的不同发展阶段而呈现出一个由上升逐渐到下降的趋势（刘追 等，2018）。目前，国内外的研究在企业为什么成长、如何成长和成长的成本等方面关注较多，关于企业成长影响因素和成长过程等方面的研究仍较缺乏，在企业成长过程的研究中仍然有许多探索空间（Leitch et al.，2010）。

2.2 营销能力相关研究综述

迄今为止，理论界对营销能力概念内涵的认识并未取得一致，解释营销能力的角度也各有不同。资源基础观认为，企业持续竞争优势的获得在于其资源和能力的集合。从资源基础理论的角度来看，学者们认为营销能力是企业的一种资源，并且营销活动通过基础营销资源进行配置。营销活动对企业营销资源起到了整合的作用。营销能力具有复杂而多面的结构，是由企业内部与营销相关的人力资产、市场资产和组织资产，以及企业外部与营销相关的人力资产、市场资产和组织资产所组成的复合结构（Moller et al.，2010）。知识基础理论强调与市场相关的营销知识的获取、传播、解释和组织记忆，并且对市场信息作出回应。营销能力是在产品开发管理、供应链管理和顾客关系管理过程中所包含的能产生重要影响的能力（Moorman et al.，1997）。但是其忽略了营销作为一种知识是与理论相关的，缺少理论知识的补充。

不论是从资源基础理论还是知识基础理论来理解营销能力的内涵，实际上，营销能力都是企业获得竞争优势的一种战略所需。身在买方市场中的企业，想要实现价值交换，就必须掌握市场动向，了解市场所需，同时能够运用企业与营销相关的知识和资源组织营销活动，来获得、维持、增加顾客，做好顾客关系管理。这不仅是一门企业生存的艺术，同时也是企业整合资源、实现创新、增加绩效的必经之途。

然而，资源基础理论被认为不能有效地对企业在持续变化的环境中的竞争优势做出解释，因为其在本质上是静态的，没有考虑到市场动荡性的影响。企业如何积极有效地应对持续变化的组织环境从而获取和维持竞争优势是动态能力研究的重点所在，企业要在满足市场需求的前提下，运用独特的资源（如资产、知识或技能等），建立起市场竞争优势。

一些国内外研究者在营销能力的研究中已经开始使用动态的观点。以往研究者虽然已经开始在营销能力的研究中运用动态能力的分析框架，但是都没有明确界定“动态营销能力”这一概念。Bruni 和 Verona（2009）提出了“动态营销能力”的概念，具体分析了动态营销能力对制药产业中新产品开发管理和重构的影响。一个企业的动态营销能力主要通过企业在跨部门业务流程中所表现出的反应速度和效率来体现。同时，动态营销能力也强调了企业在应对环境变化时，特别是应对顾客变化时的反应。应对营销环境变化所需要的能力便是动态营销能力。本书认为，动态营销能力的关键是企业对外部环境变化是否有积极有效的反馈和反应的能力。对于动态营销能力的定义，主要包含以下三个层面：第一，企业跨部门的业务流程或组织惯例是动态营销能力的本质形式。第二，实现对变化的市场环境更好的应对是动态营销能力的作用机制。第三，让企业在变化的外部环境下更容易和快速创造顾客价值以及传递顾客价值是动态营销能力的重点作用。

动态营销能力的概念来自动态能力的研究，是动态能力在营销管理领域中的应用，动态营销能力将营销能力和市场导向的观念加入其中。在服务业中，动态营销能力是不断演变和拓展的。动态营销能力不是一般意义上的营销能力，“动态”二字体现了两者质的差别。

从市场营销管理的角度，也就是从营销流程来研究营销能力的代表人物有 Day、Hooley 等。Day（1994）指出，营销能力是企业在营销实践活动所形成的一种技能，这种技能是为了满足顾客的需要。他提出了与市场驱动型组织相关的能力问题，这种能力分为三种：“outside-in processes”（由外向内能力）、“inside-out processes”（由内向外能力）和“spanning processes”（内外联接的能力）。他强调了由外向内能力，即了解顾客并且重视开发市场，与顾客建立良好的关系；以及内外联接的能力，即整合内外部的能力。而 Hooley（1999）提出的营销能力层次模型，由营销文化、营销战略和营销操作构成。后来有学者又加入了网络能力。

总的来说，营销能力是市场交易的实现能力，重视与市场联接，关注顾客需求，完善整个营销过程。营销能力包括两方面：一方面是企业认识市场、开拓市场的能力；另一方面是企业综合运用营销策略以满足消费者需要的市场竞争力和综合能力（颜帮全，2002）。

本书基于对营销管理内涵的界定，将企业动态营销能力界定为基于客户价值的动态营销能力，即适应外部环境变化，以目标市场需求满足为出发点，探索、创造及传递卓越的客户价值，以及吸引、保留增加顾客的能力。

2.2.1 国内关于营销能力的研究现状综述

本书对中国知网上所有中文篇名包含“营销能力”的文献进行收集，对这些文献进行梳理，主要保留了全国核心期刊等级以上的期刊文章及博士论文，整理出国内关于“营销能力”的主要研究观点和研究进展。

2.2.1.1 营销能力的影响因素及营销能力与相关变量的关系研究

1. 营销能力与企业绩效关系研究

表 2-1 营销能力与企业绩效关系研究

研究者	研究数据	研究结论
韩顺平，王永贵（2006）		市场营销能力不仅直接驱动企业绩效，而且还通过顾客价值间接地对企业绩效产生重要影响
王利政（2007）	5 省市 130 家企业样本数据	企业持续营销能力与企业绩效有重要的关系，营销文化和营销学习能力对企业长期绩效的影响大于对短期绩效的影响，而营销运作能力对企业短期绩效的影响大于对长期绩效的影响
张睿，汪克夷（2008）	255 份调查问卷	市场知识能力对于营销能力的构建有积极作用，而营销能力在市场知识能力对组织绩效的影响上起中介作用
王兆峰，卿芳梅（2009）	波导等 6 家企业 2006 年财报数据	企业营销能力与营销绩效之间呈现出中度略强的线性相关关系，企业营销能力能够作为解释企业业绩差距的一个重要变量，拥有优秀营销能力的公司会在目标市场上创造出比竞争对手更高的营销绩效，促进企业成长
张骁，王永贵（2009）	133 份调研问卷	市场营销能力对市场绩效有着显著影响；同时，在市场营销能力的中介作用下，公司创业精神对市场绩效的影响明显减弱，显著性水平大幅下降

续表

研究者	研究数据	研究结论
李巍，王志章（2011）	成渝地区 215 家民营企业的调研问卷	企业的营销能力会显著地影响企业市场战略（低成本和品牌化）的选择，而不同的市场战略对企业的不同经营绩效（市场绩效和财务绩效）具有差异性的影响；同时，企业外部环境的动荡性对这些影响关系也具有不同程度的调节作用
陈晓红，于涛（2013）	沪深两市中小企业板的 340 家上市公司数据	营销能力对市场绩效有显著影响，同时，营销能力会通过企业技术创新的两个维度（研发投入和技术投入）对市场绩效产生显著影响
孟佳佳（2013）	96 份调研问卷	营销能力由利用式营销能力和探索式营销能力构成，利用式营销能力和探索式营销能力对企业绩效均存在显著的正向影响，其影响关系受到以市场波动性为代表的外部环境因素和以跨职能协同为代表的内部情境因素的调节。利用式营销能力和探索式营销能力的平衡效应会提升企业绩效；两种能力的交互效应会减弱企业绩效，除非企业具有较高水平的跨职能协同
王月辉，王利，缪祺（2013）	450 份调研数据	营销知识流程管理能力和营销业务流程管理能力是动态营销能力的两种基本表现形态。营销知识流程管理能力对营销业务流程管理能力有积极的促进作用，营销知识流程管理能力通过营销业务流程管理能力影响企业绩效
李先江（2013）	222 份企业调查问卷	在不考虑顾客价值创新的中介作用而单独构建的动态营销能力和企业绩效的主效应模型中，动态营销能力对企业绩效有正向的显著影响
顾雷雷，彭俞超（2014）	中国 IT 行业 77 家上市公司数据	运营能力和营销能力对企业盈利水平均有积极影响，但边际作用都是递减的。为了实现企业绩效的长期可持续增长，运营能力和营销能力需要相互匹配
王月辉，王利，缪祺（2015）	16 家企业管理人员访谈，473 份问卷	环境不确定性直接影响营销知识流程管理能力；营销知识流程管理能力对营销业务流程管理能力有显著影响，并通过营销业务流程管理能力影响绩效

续表

研究者	研究数据	研究结论
刘泉宏（2015）	EMBA 学员 149 份调研问卷	市场导向对营销能力有显著的正面影响；营销能力对企业绩效有显著的正面影响；环境不确定性对市场导向与营销能力之间的关系有显著的正向调节作用，而环境不确定性对营销能力与企业绩效之间的关系有显著的反向调节作用
彭正龙，何培旭，李泽（2015）	225 家企业的调研数据	营销探索能力和营销利用能力均显著提升企业绩效，但路径机制不同，营销探索能力主要通过服务差异化优势的部分中介作用直接和间接影响绩效，营销利用能力则通过服务扩展优势的部分中介作用直接和间接影响绩效
汤清，陈海燕（2015）	2012 年 110 家中小企业板的广东省企业	企业除了通过对技术创新投入和营销费用投入提升绩效外，同时应该考虑技术创新投入与销售人员比的交互作用提升企业绩效
李应，蔡瑶瑶（2016）	300 份调研问卷	营销能力在电子商务的运用对企业绩效的影响中起部分中介作用，企业可以通过实施电子商务提升营销能力，以达到提高绩效的目的；运用电子商务能给企业带来潜在间接效益，不仅能有效提高财务绩效，而且能提高客户服务、内部流程等非财务绩效
曹鑫（2017）	中国沪市和深市在海外有销售收入的上市公司	营销能力与研发能力在国际化程度与企业绩效关系中有非线性调节作用。营销能力具有 U 形调节效应，研发能力的 U 形调节效应不显著，营销能力与研发能力对国际化企业绩效的影响作用存在差异
鱼文英，李京勋（2017）	127 家旅行社的问卷调查	探讨了市场力量、战略导向、营销能力和企业绩效的结构性关系。需求不确定性对市场导向、服务导向和营销能力有显著的正向影响。竞争强度对市场导向和营销能力有显著的正向影响。市场导向、服务导向和营销能力对企业绩效有显著的正向影响。营销能力在服务导向和企业绩效的关系中起正向调节作用
郭倩倩，胡兵（2017）	2010—2014 年中国上市公司数据	企业社会绩效与财务绩效的关系并不显著，然而，对于营销能力较强的企业而言，企业社会绩效能够转化为直接的财务绩效
顾雷雷，欧阳文静（2017）	2008—2014 年中国上市公司的数据	企业营销能力越强，慈善捐赠水平对企业绩效的促进作用就越大

续表

研究者	研究数据	研究结论
崔登峰，邵伟（2018）	A 股 2011—2015 年共 1470 家上市公司数据	实证研究企业社会责任对营销能力与企业绩效的影响，并验证营销能力的中介和环境不确定性对这一中介关系的调节作用
卑立新，焦高乐，马涛（2018）	607 份调查问卷	组织创造力对组织绩效有正向促进的作用；技术能力，营销能力的中介作用能增强组织创造力与绩效之间的关系
顾雷雷（2018）	东盟跨国公司的财务数据和 BVD 数据库的政治风险数据	跨国公司子公司营销能力对子公司绩效具有积极影响，国家政治风险将负向调节这一关系

如表 2-1 所示，对于营销能力与企业绩效关系的研究，国内起步较晚。研究发现：市场营销能力不仅直接驱动企业绩效，而且还通过顾客价值间接地对企业绩效产生重要影响（韩顺平 等，2006）。企业持续营销能力与企业绩效有重要的关系（王利政，2007）。企业营销能力与营销绩效之间呈现出中等略强的线性相关关系（王兆峰 等，2009）。营销能力在市场知识能力对组织绩效的影响上起到中介作用（张睿 等，2008）。市场营销能力对市场绩效有着显著影响，同时，在市场营销能力的中介作用下，公司创业精神对市场绩效的影响明显减弱，显著性水平大幅下降（张骁 等，2009）。企业的营销能力会显著地影响企业市场战略（低成本和品牌化）的选择，进而对企业的不同经营绩效具有差异性的影响（李巍 等，2011）。总体上，2006—2011 年研究成果较少，研究学者也较少。从 2013 年开始，研究者及研究成果增多，研究者开始利用测量维度研究营销能力对绩效的影响（陈晓红 等，2013；孟佳佳，2013；王月辉 等，2013；李先江，2013；顾雷雷 等，2014）。在研究过程中，进一步关注中介影响和调节变量的影响及交互作用，研究更复杂（陈海燕，2015；王月辉 等，2015；刘泉宏，2015；彭正龙 等，2015）。

2. 营销能力与创新关系研究

表 2-2 营销能力与创新关系研究

研究者	研究数据	研究结论
于建原，陈锟，李清政（2007）	137 份企业调研问卷	营销能力对自主创新欲望、自主创新预期和绩效均存在显著正向影响，影响程度最大的是创新绩效，其次是创新预期，最后是创新欲望
陈锟，于建原（2009）	142 份调研问卷	营销能力对企业创新可能存在正向效应，也可能存在负向效应，这是由环境的动荡性决定的。处于较低环境动荡性的企业，无论规模大小，只有不断提高营销能力和选择渐进式创新才能获得良好的创新绩效；而处于较高环境动荡性的企业，营销能力对创新有双重效应，应采用颠覆性创新
于建原，赵淳宇，李瑞强（2009）	41 份调研问卷	企业的营销能力对企业领导者的创新欲望具有显著正向影响，营销能力提高，不仅会提高企业领导的创新欲望，还会使企业的盈利增加，积累资金增加，也为企业提供了更强大的创新资源保证
白戈（2010）	890 份调研样本数据	技术产出对创新市场绩效有正向影响，营销能力对技术产出向市场绩效转换的效率有正向影响，营销能力对市场绩效有直接的正向影响，营销能力对创新投入有正向影响，创新投入对技术性产出有正向影响，营销能力对创新技术产出有直接的负向影响
李清政，白戈，于建原（2011）	890 份企业调研数据	营销能力对创新投入有正向影响，并且营销能力对投入强度的影响大于对投入总量的影响。营销能力对技术产出和创新市场绩效有截然不同的影响。营销能力对技术产出有显著的负向影响，对市场绩效有显著的正向影响
王丽芳（2012）		Web 2.0 模式的去中心化、交互性、知识共享、分群效应等特点以及所引发的营销趋势将增加营销能力对企业技术创新的正向作用
项勇（2014）		市场营销能力直接影响企业创新能力；一个企业的营销能力越大，企业的创新产品或者服务就能够获得越高的经济效益
张红，周智雄，庄伯（2015）	深市 276 家中小板上市企业数据	营销能力显著影响企业的创新技术投入，但是营销能力对创新技术产出的影响不太明显

续表

研究者	研究数据	研究结论
王星星，邵伟（2018）	沪深两市 4405 个 A 股上市公司数据	研究营销能力在社会责任与企业创新之间的中介作用，并论证了环境不确定性的调节作用
邵伟，刘建华（2021）	中小板上市制造业和信息技术企业数据	研究营销能力对中小企业创新的影响；引入政府干预和法治水平作为调节变量，探讨其对主效应的调节作用；利用三项交互方法，探讨营销能力、政府干预、法治水平三者交互对中小企业创新的影响
崔登峰，王楠楠（2022）	上市公司的数据	营销能力与创新投入存在负相关关系，其作用机制在于，企业的营销能力越强，客户集中度就会越高，随之带来资产专用性增加，企业创新投入的金额减少
张妍，魏江，朱子君（2019）	4 家典型的医药企业数据	市场导向和创业导向对企业产品创新绩效的作用是有差异的。创新性地识别出影响战略导向与产品创新绩效关系的两个情境变量，即企业营销能力和企业所有制
郭立新，陈传明（2020）	A 股高科技上市公司数据	在创新决策阶段，营销能力对创新投入具有显著的抑制作用和挤出效应；在成果转化阶段，营销能力促进了创新投入对公司绩效的正向影响，前期创新投入对当期创新投入存在显著的积极影响
李京勋，郑润坤（2021）	148 份调研问卷	创新文化对利用式创新、探索式创新和营销能力均有显著正向影响。利用式创新和营销能力显著正向影响企业绩效，探索式创新通过营销能力间接作用于企业绩效

如表 2-2 所示，研究者从 2007 年开始关注营销能力对于创新的影响。研究结果显示：营销能力对自主创新欲望、自主创新预期和绩效均存在显著性正向影响；营销能力对企业创新可能存在正向效应，也可能存在负向效应，这是由环境的动荡性决定的；营销能力对企业领导者的创新欲望具有显著正向影响；营销能力对技术产出向市场绩效转换的效率有正向影响；营销能力对市场绩效有直接的正向影响；营销能力对创新投入有正向影响；营销能力对创新技术产出有直接的负向影响（于建原 等，2007；陈锟 等，2009；于建原 等，2009；白戈，2010；李清政 等，2011）。营销能力显著影响企业的创新技术投入，但是营销能力对于

创新的技术产出的影响不太明显（周智雄 等，2015）。最近5年，学者们研究了营销能力在社会责任与企业创新之间的中介作用；营销能力对中小企业创新的影响；营销能力与创新投入的关系及作用机制；市场导向对企业产品创新绩效的作用；在创新决策阶段及成果转化阶段，营销能力对公司绩效的影响；创新文化对利用式创新、探索式创新和营销能力的影响等（王星星 等，2018；邵伟 等，2021；崔登峰 等，2022；张妍，2019；郭立新 等，2020；李京勋 等，2021）。这些研究一方面指出营销对于技术创新的导向作用，另一方面表明营销能力可以通过影响创新对企业产生影响。总体上，相关研究成果较少，但是研究很有意义。

3. 营销能力的影响变量研究

表2-3　营销能力的影响变量研究

研究者	研究数据	研究结论
左莉，刘延平（2008）		要提高企业营销能力，必须构建适应环境、符合企业发展战略的营销组织，通过营销组织创新，建立市场驱动型的企业组织，培育、维护和更新企业可持续的竞争优势
贺华丽（2012）	以义乌市为案例	专业市场的创新导向是影响中小企业国际营销能力的关键驱动要素。其一方面通过构建市场外部网络对中小企业的国际营销能力产生影响；另一方面通过推动中小企业创新，使中小企业在创新导向的驱使下通过构建企业外部网络，对自身的国际营销能力产生影响
杜向荣，张寰（2014）		在一定程度上，服务业升级的实质就是动态营销能力的培育：合理开发企业无形营销资源，将无形营销资源转化为动态营销能力，将动态营销能力转化为企业竞争优势
王月辉，刘华玮，王利（2014）	260份企业样本调研数据	IT能力对动态营销能力具有显著影响。IT能力和动态营销能力影响企业组织的市场敏捷性，竞争强度对动态营销能力与市场敏捷性的关系具有调节作用
张敬伟（2014）	案例研究	技术能力与营销能力是科技型小微企业最关键的两种能力，它们通过关键组织事件发生联系和相互影响；技术能力和营销能力只有协调发展、协同作用，才能有效促进科技型小微企业的成长

续表

研究者	研究数据	研究结论
吴晓云，张峰（2014）	101 份银行样本调研数据	关系资源能够提升营销能力，但二者并非简单的直接作用关系。顾客导向、创新导向分别在关系资源与营销能力之间起中介作用，市场竞争强度正向调节二者的关系
李武威（2015）	245 家企业样本的调研数据	企业负责人的学历、国际化经历、一般行政和营销工作职能背景对企业动态营销能力具有显著的正向影响。同时，研究发现环境动态性对企业负责人的任期、年龄和企业动态营销能力之间的关系均具有显著的调节作用

如表 2-3 所示，关于营销能力的影响变量的研究文献较新，研究者主要运用案例和利用调查问卷搜集一手数据进行定性研究。研究结果显示：营销组织影响营销能力（左莉 等，2008）；专业市场的创新导向是影响中小企业国际营销能力的关键驱动要素（贺华丽，2012）；服务业升级影响动态营销能力的培育（杜向荣 等，2014）；IT 能力对动态营销能力具有显著影响（王月辉 等，2015）；技术能力与营销能力是科技型小微企业最关键的两种能力，它们通过关键组织事件发生联系和相互影响（张敬伟，2014）；关系资源能够提升营销能力（吴晓云 等，2014）；企业负责人的学历、国际化经历、一般行政和营销工作职能背景对企业动态营销能力具有显著的正向影响（李武威，2015）。

2.2.1.2　营销能力的测度与评价研究

表 2-4　营销能力的测度与评价研究

研究者	研究数据	研究结论
倪细云（2013）	68 家种植业合作社的微观调查数据	合作社整体营销能力强。营销能力分为基础能力、核心能力和辅助能力
胡宜挺（2015）	新疆 75 家合作社的调查数据	建议合作社在经营过程中加强农产品营销理念，提高农产品附加值，增强合作社营销能力
张竞（2013）		提升林产品生产企业的营销能力，实现体系化营销。在组织机构和部门职能上提高市场营销主导企业经营的管理地位，通过企业营销业务流程再造，提升林产品生产企业的市场营销水平

续表

研究者	研究数据	研究结论
冯燕芳（2011）		把物流企业营销能力划分为产品力、价格力、渠道力和促销力，将四个力作为物流企业营销能力评价一级指标。产品力指标包括两个二级指标：物流硬件、软件资源资产额；价格力包括两个二级指标：物流服务价格认可度、物流运营成本占产值比重；渠道力包括两个二级指标：物流服务区域覆盖率、物流服务准确率；促销力包括两个二级指标：促销投入占运营成本比重、物流企业经营收入增长率
马越峰，李建忠（2009）	内蒙古包头市某一旅游企业数据	该旅游企业制定营销战略的能力（U1）处于中等水平，市场研究的能力（U2）处于中等水平，营销策划的能力（U3）处于中等水平，营销绩效的能力（U4）处于低水平，营销实施与保障能力（U5）需改进提高
焦晓波（2008）	136 份调查问卷	制造业企业营销能力具备五种维度：营销文化、营销战略和执行、营销研究、营销沟通、产品开发
杨瑞，覃亮（2007）	111 份调研问卷	制造企业应设立六种指标：营销效益、营销观念、营销战略、营销策略、创新能力、营销组织

表 2-5　营销能力测量量表设计及评价指标体系的建设

研究者	研究数据	研究结论
林媛媛（2005）	120 份有效问卷数据	构建了一个全面的、易于操作的包括 1 个一级指标，5 个二级指标和 17 个三级指标的营销能力评价指标体系
王文超（2005）		营销能力应包含营销研究能力、定价能力、产品发展能力、渠道管理能力、促销能力、营销管理能力六方面
张苗（2006）		把层次分析法（AHP）和数据包络分析法（DEA）相结合的二次相对评价法作为对企业营销能力的评价方法，能够消除由于受客观的营销实力优劣影响而导致的对企业营销能力评价的不客观和不公正，从而真正反映企业的营销能力
高芳（2008）		构建营销能力应当了解企业自身、消费者、竞争对手，并有序地培育、执行营销能力
王微微（2014）		设计了一个具有 5 个一级层次、11 个二级层次的企业营销能力量表。一级层次包括营销活动中的管理能力、战术制定及执行能力、信息管理能力、对市场的影响力、客户关系管理能力等，二级层次包括对市场的研究能力、信息能力、营销计划执行力、战略计划能力、顾客关系管理能力、品牌能力、4P 策略制定能力、企业声誉等，在观察变量中设计了 69 个营销能力测量问项

如表 2-4 和表 2-5 所示，林媛媛（2005）和王文超（2005）最早在国内提出营销能力的评价指标体系。张苗（2006）把层次分析法（AHP）和数据包络分析法（DEA）相结合的二次相对评价法作为对企业营销能力的评价方法。王微微（2014）设计出了具有 5 个一级层次、11 个二级层次的企业营销能力量表，在观察变量中设计了 69 个营销能力测量问项。倪细云（2013）、胡宜挺（2015）、张竞（2013）等探讨了农业合作社及林业产品生产企业的营销能力评价与提升策略。冯燕芳（2011）提出了物流企业营销能力评价指标体系。马越峰等（2009）从五个方面评价了旅游企业的营销能力。焦晓波（2008）、杨瑞等（2007）分别提出了制造企业营销能力评价的不同指标。从这些研究成果可以发现，对企业营销能力的评价从制造业开始逐步发展到第一产业和第三产业。同时，评价指标体系日趋完善。

2.2.1.3　营销能力类型、演化及管理创新研究

表 2-6　营销能力类型、演化及管理创新研究

研究者	研究结论
刘玉来（2008）	营销能力创新包括营销能力的识别方法创新，营销能力的控制方法创新，营销能力的引导方法创新，营销能力的整合方法创新，营销能力的培育和提升方法创新
毕军贤（2009）	营销能力实现产品和服务增值的来源是企业的特质性资源产生经济租（超额利润），它主要来自企业特质性资源形成的市场垄断或产品创新。运用企业资源基础观研究营销能力问题，能够使营销能力研究更具有经济学的严谨性和管理学的现实性
刘占亮（2010）	建立在顾客价值基础上的营销能力对企业实现战略目标更具说服力，而且使营销能力、顾客价值、企业绩效联系更密切
陈钦兰（2010）	营销能力的类型主要有：对象类型营销能力、流程链类型营销能力和企业类型营销能力。它们之间有一定的关系：并列关系、链状关系、相关关系
韩永强，王毅（2010）	动态营销能力是企业不断地整合、重组、更新和再造其营销资源和营销能力，通过创造和传递优异顾客价值以应对市场变化和获取竞争优势的能力
张计成（2011）	通过整合外部技术资源与内部研发营销机制，提出了企业长期营销能力建设的途径

如表2-6所示，营销能力创新包括识别方法创新，控制方法创新，引导方法创新，整合方法创新，营销能力的培育和提升方法创新（刘玉来，2008）。营销能力主要来自企业特质性资源形成的市场垄断或产品创新（毕军，2009）。建立在顾客价值基础上的营销能力对企业实现战略目标更具说服力，而且使营销能力、顾客价值、企业绩效联系更密切（刘占亮，2010）。营销能力的类型主要有：对象类型营销能力、流程链类型营销能力和企业类型营销能力，它们之间有并列关系、链状关系、相关关系（陈钦兰，2010）。动态营销能力是企业不断地整合、重组、更新和再造其营销资源和营销能力，通过创造和传递优异顾客价值以应对市场变化和获取竞争优势的能力（韩永强 等，2010）。企业营销能力建设的途径是整合外部技术资源与内部研发营销机制（张计成，2011）。

2.2.2 国外关于营销能力的研究现状综述

通过中国知网的国际文献总库（包含 Elsevier 期刊、Springer 期刊、Taylor&Francis 期刊、ProQues 期刊、Wiley 期刊、Emerald 期刊、剑桥大学出版社学术期刊等上百个数据库的文献），对篇名包含“marketing capability”的外文文献进行收集，相关文献可分为营销能力理论基础研究、营销能力与绩效研究、营销能力综述等。

20世纪90年代中期，随着营销管理日益受到重视，国外学者们开始将目光投向营销能力，出现了“营销能力”这一概念，其中的营销能力指的是无形资产——品牌资产和客户权益。公司部署营销资源的行为是为了取得竞争优势（Varadarajan et al.，1999）。此后10年间，学术研究出现了两个重要的发展方向：一是强调营销能力是企业市场策略的重要资源；二是研究企业绩效与营销能力的关系（Wong et al.，2008）。关于营销能力对绩效的作用、营销能力战略重要性的实证分析也在同步进行。近几年来，关于营销能力的研究范围更广阔，并且加入了新变量。

2.2.2.1 基于资源基础理论的营销能力与企业绩效

资源基础理论将公司视为一系列资源和能力的集合。资源是资源基础理论的中心。资源包括有形组件（金融和实体资产）及无形组件（人力资源、专利、技术知识等）（Amit et al.，1993），这些资源用来实施组织的价值创造。基础资源的获取和舍弃，资源整合，资源重组，产生新价值创造战略（Pisano，1996）。能力被定义为公司利用其资源达成想要的结果的才能，它就像公司运用有组织的过程提供提升资源生产率的中间产品（Amit et al.，1993）。能力是无形资产，由公司在一段时间内形成。资源基础理论认为，公司拥有不同的资源禀赋和不同的能力。公司的生存依赖于它创造新资源的能力。建立自己的能力平台，而且使这些能力足够独特，才可以获得竞争优势（Day et al.，1988；Peteraf，1993）。因此，仅仅拥有优越的资源并不能为公司实现竞争优势，公司部署好稀缺资源，最好地使用自己的能力，投资和完善现有能力基础可以带来稳定的、不可模仿的、无法复制的资源能力。大量文献中使用资源基础理论来分析绩效，分析营销能力与其他能力对绩效的影响（Song et al.，2007）。在过去的 20 年里，研究人员增强了营销能力影响和促使企业创新并保持竞争优势的概念性理解，研究市场营销如何在确定客户需求、分销渠道和竞争产品中发挥营销资源和能力的独特作用（Easterby Smith et al.，2009；Maklan et al.，2009；Martelo Landroguez et al.，2011）。这一领域的实证研究比较丰富。企业的营销能力表现在其是否能够识别顾客的需求，并且深刻理解影响顾客选择行为的因素。因此，在高科技行业中，企业要不断加强两个能力：满足顾客需求的能力和不断实现创新的能力（Dutta et al.，1999）。市场的营销资源与面向市场的流程以及与此相关的营销能力相互作用、相互关联，独特的营销资源能产生竞争优势和良好的企业绩效，这一过程是通过面向市场的流程传递高的顾客价值来实现的（Srivastava et al.，2001）。激烈的竞争和短的产品生命周期使企业面临许多营销挑战。不同营销项目对企业产生不同的营销绩效，最有效的营销能力是形象差异化和促销能力（Marguerite et al.，2003）。使用产品价格、产品销售、产品开发、销售渠道管理、市场沟通、信息管理、营销策划和市场战略执行 8 个指标全面开发营销能力，对于企业是很重要的（Teck-Yong Eng et al.，2015）。营销能力对企业的绩效有显著影响，并且在高效率的公司内其影响强于低效率的公司（Prithwiraj et al.，2010）。营销资源和营销资源部署影响企业绩效和顾客相关绩效（Aron et al.，2015）。

2.2.2.2　基于知识基础理论的营销能力与企业绩效

营销资源和能力有很大可能整合新的市场知识，并且将市场知识在组织中进行传播，协助建立动态能力。这样的营销资源和能力，如品牌管理、客户关系管理、供应链管理等，被认为是特定的营销能力。市场营销在整个组织中整合市场知识跨功能流程，例如新产品开发、品牌管理、供应链管理（Bruni et al.，2009；Maklan et al.，2009）。

营销首先是基于市场知识获取和整合的。在这一过程后，要评价组织的有创造性的活动，并将其目标顾客的要求与现有的产品和服务匹配。营销过程可分为服务、促销、人员、渠道、广告、营销研究、差异化的推力、新产品面市速度等八类，这些过程是企业竞争中有重要战略意义的营销能力。营销对于具有创新战略的企业有重要意义，因为优秀的营销能力不仅可以推动创新发展，而且可以使创新产品更易获得成功，营销能力是一种竞争优势。知识的获取、分配、解释、保留和使用都来源于实际，来源于在过去形成的技术能力、营销能力和项目管理能力，并且会继续为将来的技术能力形成、营销能力和项目管理能力培养提供基础。不论是新形成的营销能力还是前期的营销能力，都有助于绩效的提高（Weerawardera，2003）。为了解决两个研究问题：营销和创新能力市场定位可以在多大程度上转化为客户和创新相关的绩效结果？营销能力和创新能力间的互补可以提高客户和创新相关的绩效结果吗？Liem Viet Ngo 等（2012）以知识基础理论和企业能力理论为基础，首次开发和检验了一个整合市场定位、市场营销能力、创新能力、客户和创新相关的绩效的模型。研究结果显示，市场导向与顾客以及与创新相关的绩效关系中，营销能力和创新能力的作用是明显的，并且市场定位起作用是通过营销能力和创新能力的互补性来影响客户相关绩效的，虽然在与创新相关的绩效上并不显著。

2.2.2.3 营销能力与其他变量的关系

营销能力受多种因素的影响。对财富 500 强企业最大战略业务单位（SBUs）的研究表明，业务战略、组织结构和市场信息处理能力会影响营销能力的发展（Douglas，1998）。营销能力有助于企业销售量的提升（Akdeniz et al.，2008）。营销能力对经济体国际性能、国际承诺和国际进入模式有积极影响。对于选择直接投资的进入模式的国际经济体，营销能力对其绩效有正向的影响。内部营销能力中的市场基础设施影响出口营销策略和 B2B 营销组合（Kyong et al.，2016）。

营销部门需要向公司展示其经济价值，面临着越来越大的压力。市场营销使用态度（如品牌意识）、行为（如品牌忠诚度）和财务（如销售收入）绩效指标，而这些指标之间没有高度相关性。一个指标可能将营销活动视为成功，而另一个指标可能将其解释为浪费资源，由此产生的差异对营销实践有多方面的影响。营销的范围和目标在不同的组织中差异很大。硬指标和软指标，以及离线指标和在线指标通常不集成。营销影响评估的两个主要工具是反应模型和实验，两者很少结合使用。营销规划和执行中的风险几乎没有得到考虑，分析见解也没有得到有效沟通以推动决策。营销分析可能改善组织不同层面的营销决策，为进一步研究和加强实践奠定了基础（Hanssens Dominique et al.，2016）。营销能力对企业经营绩效有积极的影响，且营销能力比研发能力和运营能力对经营绩效的影响作用更加显著（Krasnikov et al.，2008）。

随着新媒体的出现和消费者注意力的分散，营销传播的最佳整合变得越来越重要。搜索、展示、移动、电视和社交媒体等传统媒体和新媒体相互作用，影响消费者决策。要提高营销传播计划的有效性和效率，可以使用“自下而上”的传播匹配模型和“自上而下”的传播优化模型（Batra Rajeev et al.，2016）。全渠道营销通常被视为一对一营销的实践范式，全渠道营销面临三个挑战：数据访问和集成，营销归因，消费者隐私保护。虽然这些挑战早于全渠道营销，但在数字全渠道环境中，这些挑战更加严重（Cui Tony Haitao，2021）。机器学习和区块链的进步提供了一些有希望的解决方案，这些技术为企业带来了新的挑战和机遇，值得进一步研究。

2.3　理论研究现状简评

2.3.1　企业成长相关研究评述

企业作为市场经济中最活跃的细胞，其成长道路受到了国际经济管理界的广泛关注。尽管有大量学者致力于研究企业成长，在一定程度上丰富发展了企业成长的相关理论，但在经济管理研究领域仍缺少独立、完整、规范的关于企业成长的理论体系。

在现实研究中，因为企业的存续与经历存在差异，影响其成长的因素也较为复杂，不得不让研究者们对其研究的前提进行界定，往往需要从极其细致的角度对企业成长的“黑箱”进行探寻诠释。从这种较为细分的角度，出现了大量企业成长研究的成果。

现有的相关研究大多倾向于对企业成长现象和结果的描述，从不同视角剖析企业成长的具体问题，研究企业成长过程中单一影响因素。相对而言，缺少对企业成长内部运作机理的探索和对企业成长本质性的统一解释，忽视了企业成长过程中多因素的结合，特别是在企业成长核心逻辑这一根本性的研究上，成果甚少。本书尝试从这一点出发，研究企业内生成长逻辑中的关键影响因素。

2.3.2 营销能力相关研究评述

综合分析已有的关于营销能力的研究成果，我们发现，目前的研究倾向理论研究，大多只是对问题进行定性分析，或在此基础上提出相应实践策略建议，研究缺乏足够的实证支持。对如何把理论转化为实践缺乏充分的依据，在实际应用上存在差距。目前的理论大多从单一、孤立视角对具体问题展开讨论，缺乏全方位指导，现有研究对于营销能力这一重要的竞争优势来源缺乏创新认识和研究成果。

在竞争优势理论学者的研究中，普遍认为企业拥有的独特能力能够提升企业的竞争优势，现有研究大多认同营销能力的发展能为企业带来卓越的绩效，承认营销能力是企业获取竞争优势的主要来源之一。但是，对于营销能力的研究，有的直接把营销能力与企业能力等同起来，有的将营销能力等同于推销能力，不少研究对营销能力的定义还停留在作用层次上，而没有真正揭示其价值。相关研究结论偏向于研究效果层次，如销售增长率、市场占有率、市场规模等，这些变量都只是营销能力的产出变量。还有很多研究者直接简单地把“4Ps”策略套用在营销能力的维度上，大多研究者没有从多维度、从战略的角度认识营销能力，因此不能较好地揭示营销能力的内部构成要素和作用机理。研究者们对营销能力与企业绩效之间关系的研究主要是定性研究，实证研究成果并不丰富。同时，很少有学者基于营销能力的角度解释企业的成长性。

尽管关于营销能力研究的文献已日渐丰富，一些重要的研究结论也获得了众多学者的一致认可，但有关动态营销能力的理论探讨仍较少。同时，在营销实践中，市场环境的复杂性和动荡性日趋凸显，如何快速、有效地调整企业流程以创造和传递更多顾客价值，在营销实践中应当更受到经济学研究者特别是管理学研究者的关注。

本书试图通过对现有文献的梳理，基于动态营销能力的视角，挖掘营销能力的理论基础，并深入探讨它们对企业内外部成长的影响机理，以及营销能力对企业成长的作用路径。在此基础上，构建出一个整合的分析框架，并尝试结合中国服务企业展开实证研究。

第 3 章 服务企业内生成长的理论分析

本章首先描述我国服务业及服务企业的发展，然后以企业内生成长为理论基础，从资源、能力与成长关系的角度提出服务企业内生成长的机理。

3.1 服务业概述及特征

3.1.1 服务业

3.1.1.1 服务

服务是一种特殊的无形活动。它向顾客或工业用户提供所需的满足感，它与其他产品销售和其他服务并无必然联系。莱特南（Lehtinen）认为，服务是与某个中介人或机器设备相互作用并为消费者提供满足的一种或一系列活动。格鲁诺斯（Gronroos）给服务下的定义是：服务是以无形的方式，在顾客与服务职员、有形资源等产品或服务系统之间发生的，可以解决顾客问题的一种或一系列行为。菲利普·科特勒（Philip Kotler）则把服务定义为：一方提供给另一方的不可感知且不导致任何所有权转移的活动或利益，它在本质上是无形的，它的生产可能与实际产品有关，也可能无关。与有形产品相比，服务是看不到、摸不着的，服务的特点主要表现为以下四个方面：

1. 服务的无形性

服务的无形性是有形产品与服务之间最基本的区别，服务并不像有形产品一样具有实体，它是由一系列活动所组成的过程，我们可以通过触觉、嗅觉、味觉等感觉器官接收产品信息来感觉有形产品，而服务这一过程则无法像感觉有形产品那样被感觉到。

2. 服务质量可变性

服务是由人提供的一系列活动，服务的质量会因服务的提供者和接受者不同、提供服务的情境不同而发生变化。

服务的提供者和服务的接受者之间的互动过程和这一过程中的一切可变因素是导致服务质量可变性的主要原因。由于服务提供者不能完全控制这些因素，服务提供者提供的服务与服务接受者对服务质量的感知和评价都是主观和可变的。服务也可能会由中间商等合作伙伴提供，这种情况下，服务质量的异质性可能会变得更加明显。

3. 服务提供者和服务消费者的不可分性

有形产品一般遵循先生产，然后再存储、销售和消费的过程，而服务则不同，大多数的服务是同时进行生产和消费的，这也决定了服务提供者和服务消费者的不可分性。这种不可分性意味着服务的消费者会在服务生产的现场，并会进行观察甚至是直接参与到服务生产中来。在那些能被大量顾客同时消费的服务的生产过程中，在共同分享服务的过程中，消费者会相互产生作用，从而对彼此的服务体验造成影响。此外，同时进行生产和消费的这一特性限制了服务的大规模生产，因而也难以实现显著的规模经济效应。

4. 服务的不可储存性

服务的无形性以及不可分性也意味着服务无法进行储存、转售以及退回，服务的这一特性即服务的不可储存性，它决定了服务与有形产品在分销渠道结构与性质上的显著差异。进行准确的需求预测并制定有创造性的计划，实现生产能力的充分利用，成为服务分销渠道考虑的关键问题。此外，服务不能被消费者退回，因此，提供服务的组织为了更有效地对服务失误进行补救，必须制定完善的补救措施。

3.1.1.2　服务业的划分

根据《国民经济行业分类》（GB/T 4754—2002）的规定，国家统计局印发了关于产业划分的通知——《国家统计局关于印发〈三次产业划分规定〉的通知》(国统字〔2003〕14号),该通知中的规定广泛应用于国民经济核算和统计调查以及国家宏观管理之中。依据国家质检总局以及国家标准委颁布的《国民经济行业分类》(GB/T 4754—2011),国家统计局在2012年再次对2003年颁发的《三次产业划分规定》进行了更详细具体的修订。修订中将第三产业明确为服务业。需要特别指出的是,在联合国贸易和发展会议(UNCTAD)关于FDI的统计中,服务业还包括建筑业,但我国的第三产业不包括建筑业。我国的第三产业包括:批发和零售业;交通运输、仓储和邮政业;住宿和餐饮业;信息传输、软件和信息技术服务业;金融业;房地产业;租赁和商务服务业;科学研究和技术服务业;水利、环境和公共设施管理业;居民服务、修理和其他服务业;教育;卫生和社会工作;文化、体育和娱乐业;公共管理、社会保障和社会组织;国际组织;农、林、牧、渔业中的农、林、牧、渔服务业;采矿业中的开采辅助活动;制造业中的金属制品、机械和设备修理业。2012年,中国证券监督委员会公布《上市公司行业分类指引》(2012年修订)(证监会公告〔2012〕31号),将上市公司行业分为19个门类,其中服务业包括:批发和零售业;交通运输、仓储和邮政业;住宿和餐饮业;信息传输、软件和信息技术服务业;金融业;房地产业;租赁和商务服务业;科学研究和技术服务业;水利、环境和公共设施管理业;居民服务、修理和其他服务业;教育;卫生和社会工作;文化、体育和娱乐业13个行业门类。

《关于加快发展生产性服务业促进产业结构调整升级的指导意见》(国发〔2014〕26号)中指出,生产性服务业包括:为生产活动提供的研发设计与其他技术服务、货物运输仓储和邮政快递服务、信息服务、金融服务、节能与环保服务、生产性租赁服务、商务服务、人力资源管理与培训服务、批发经济代理服务、生产性支持服务。《国务院办公厅关于加快发展生活性服务业促进消费结构升级的指导意见》(国办发〔2015〕85号)中指出,生活性服务业包括:居民和家庭服务、健康服务、养老服务、旅游服务、体育服务、文化服务、法律服务、批发零售服务、住宿餐饮服务、教育培训服务等。

服务企业指企业从事的经营活动是在现行营业税"服务业"科目下规定的经营活动。与制造企业相比,服务企业的一个最大特点是以产品为载体,为顾客提供完整的服务；其利润总额中，提供服务所创造的利润占据重要比例。

3.1.2　我国服务业的发展现状

服务业对于经济的可持续发展发挥着巨大的促进作用。全球 GDP 增长主要依赖于服务业，而且服务业创造了大量就业机会。从 2015 年联合国贸发组织公布的数据来看，全球 GDP 增长的 2/3 来自服务业，并且服务业相比于其他行业吸纳了最多的就业人口。从最新的国际劳工组织的数据也得到了验证，全球就业的吸纳中，服务业整体贡献率在 2000 年为 39.1%，而 2019 年上升到 49%，远超过工业和农业。服务业能够在国际金融危机的冲击下继续发挥作用，在全球就业岗位的供给中占主要地位。随着全球化不断发展，在全球价值链生产的大背景下，服务业对经济增长和就业的拉动作用也呈现出新的局势与特点。从联合国贸发组织的数据可以明显看到，服务业对于经济的作用主要表现在以下几个方面：一是世界贸易出口增加值中接近一半来自服务业，并且按照增值贸易统计，服务业在出口增加值的创造上高于制造业，特别是在发达国家出口总值中，服务业的附加值已超过 50%。二是服务贸易创造了高端人才就业的机会，外包服务在服务贸易中占比较大。由于离岸外包产业大部分集中在技术密集型和知识密集型行业，因而吸纳了很多高端人才就业。三是服务贸易自由化有助于引入竞争和体制机制创新。目前，国际直接投资中服务业占比达到 2/3，服务贸易自由化将打破垄断，提高市场的竞争程度，不仅有利于提高生产效率，而且会促使各国政府健全相关的法律和制度，加强监管，进一步消除服务贸易壁垒。

3.1.2.1　我国服务业产值比重状况

从我国三大产业的比重看，服务业在三大产业中的地位日益重要。1982 年，我国第一产业、第二产业占 GDP 的比重分别为 33.0%、44.5%。2014 年，第一产业、第二产业占 GDP 的比重分别为 9.2%、42.7%。同 1982 年相比，第一产业占 GDP 的比重大幅下降，第二产业占 GDP 的比重也略有下降。服务业产值比重从 1982 年占 GDP 比重的 22.5%上升到 2015 年占 GDP 比重的 50.5%。从表 3-1 可以看出，2012 年是我国产业结构调整的重要拐点，之后第三产业占比不断提升，与第二产业的差距越拉越大。到了 2015 年，服务业更是超过了 50%，在国民经济中占据了“半壁江山”。服务业增长速度也明显快于第二产业和 GDP 增速。比如，2015年，第二产业增加值274278亿元，增长6.0%；第三产业增加值341567亿元，增长8.3%；国内生产总值676708亿元，比上年增长6.9%。

数据表明，中国服务业发展迅速，总体规模不断扩大。由表3-1可见，改革开放后，中国的第三产业占GDP的比重不断提升，说明中国服务业在国民经济发展中所处的地位日益重要。

表3-1 我国GDP三次产业构成的变动趋势（%）

产业	年份													
	1982	1990	1995	2000	2005	2010	2012	2015	2016	2017	2018	2019	2020	2021
第一产业	33.0	26.7	19.7	14.7	11.7	9.6	10.1	9.0	8.6	7.9	7.0	7.1	4.4	4.4
第二产业	44.5	40.9	46.7	45.4	46.9	46.2	45.3	40.5	39.8	40.5	39.7	39.0	43.4	38.9
第三产业	22.5	32.4	33.7	39.8	41.4	44.2	44.6	50.5	51.6	51.6	53.3	53.9	52.2	56.5

数据来源：《中国统计年鉴》及互联网其他统计资料。

3.1.2.2 我国服务业吸纳就业能力进一步增强

早在2011年，我国服务业劳动就业占比（35.7%）就超过农业（34.8%），成为第一大就业部门。之后，服务业就业的劳动者占比不断提升，从2011年的35.70%提高到2021年的48.00%。一般而言，服务业的劳动就业弹性系数较高，服务业的较快增长，吸纳了工业、农业转移出来的存量劳动力以及主要的新增劳动力。这也是近几年我国在经济增长速度不断下降的背景下，劳动就业依然解决得较好的重要支撑。

表3-2 三次产业就业人数占比（%）

年份	第一产业就业比重	第二产业就业比重	第三产业就业比重
2011	34.80	29.50	35.70
2012	33.60	30.30	36.10
2013	31.40	30.10	38.50
2014	29.50	29.90	40.60
2015	28.16	28.76	42.08
2016	27.70	28.80	43.50
2017	27.00	28.10	44.90
2018	26.10	27.60	46.30

续表

年份	第一产业就业比重	第二产业就业比重	第三产业就业比重
2019	25.10	27.50	47.40
2020	23.60	28.70	47.70
2021	22.90	29.10	48.00

数据来源：《中国统计年鉴》及互联网其他统计资料。

3.1.2.3　我国服务业内部结构变动状况

伴随经济的不断发展，我国服务业占比呈上升趋势，但在不同经济发展阶段，服务业内部结构有所不同。

表 3-3　1982—2020 年我国服务业内部各行业增加值占服务业增加值的比重（%）

行业	年份													
	1982	1985	1990	1995	2000	2005	2013	2014	2015	2016	2017	2018	2019	2020
交通运输、仓储和邮政业	21	16	20	16	16	14	10	9	9	9	9	8	8	8
批发和零售业	15	31	22	24	21	19	21	20	19	19	19	19	18	17
住宿和餐饮业	5	5	5	6	6	6	4	4	4	4	3	3	3	3
金融业	10	10	17	14	11	8	13	15	17	16	15	15	14	15
房地产业	10	8	11	12	11	11	13	12	12	13	13	13	13	13
其他行业	39	29	25	28	36	42	39	40	39	39	41	42	44	44

数据来源：《中国统计年鉴》及互联网其他统计资料。

从服务业整体发展情况看，1982—2013 年，交通运输、仓储和邮政业，批发和零售业总体上是服务业发展的主导产业，其中，批发和零售业是服务业增加值中占比最高的行业。在 2000 年后，房地产业和金融业虽然整体比重没有大的波动，但在服务业发展中的地位有所上升，交通运输、仓储和邮政在服务业发展中的地位有所下降，其他行业主要集中在国家政府和社会提供的服务上。1982—1995 年，其他行业在服务业发展中的地位有所下降，但 2005 年后，其他行业的发展地位显著上升，这与政府提出的建立服务型政府的目标有关。

具体从各个行业的发展情况看，1982—2020 年间，服务业内部各行业占服务业增加值的比重各有不同，其中：交通运输、仓储和邮政业的增加值比重从

21%降低至8%；批发和零售业占服务业增加值的比重有所波动，从15%上升到17%，1995年，批发和零售业上升到24%左右，1995年后又缓慢下降；住宿和餐饮业占服务业增加值比重呈缓慢下降的趋势；金融业和房地产业占服务业增加值比重一直保持平稳；其他行业主要包括社会服务业、卫生体育和社会福利业、教育、文化艺术和广播电视、电影业、科学研究、国家机关、党政机关、社会团体等行业，1982—2020年，其他行业增加值占服务业增加值的比重存在波动性，在1985—1995年间有所下降，在1995年后整体呈上升趋势。

根据产业发展普遍规律，发展中国家服务业变动的一般趋势是：批发和零售业、住宿和餐饮业占服务业增加值比重由上升转为下降；交通运输、仓储和邮政业增加值比重由较快上升转为缓慢下降，但整体保持平稳；金融业和房地产业增加值占服务业增加值比重则一直有较大幅度上升。我国服务业内部结构的发展与国际普遍规律并不完全一致，住宿和餐饮业增加值占服务业增加值的比重未出现波动，房地产业和金融业虽在服务业发展中的地位有所上升，但其比重未出现大幅增加，这些都与普遍规律相悖，说明我国服务业发展中金融业发展不足，住宿和餐饮等现代服务发展水平和质量不高。

3.1.2.4 “互联网+”催生更多服务的新业态、新模式、新领域

在“互联网+”的推动下，服务业的规模、结构、质量和效益都在发生深刻变化。2021年，社会消费品零售总额440823亿元，比上年增长12.5%。其中，全年全国网上零售额130884亿元，比上年增长14.1%，占社会消费品零售总额的比重为24.5%。“互联网+”对生产性服务业的影响明显，互联网与服务业各领域的融合，促进了服务业的社会化分工重组，产生了网络购物、网络游戏、在线租车等大批新兴行业和新型业态，娱乐、金融、交通、旅游、医疗、教育等行业都在被互联网化。

我国服务业正加速发展，服务业逐渐成为经济的主导产业，未来10年我国服务业增加值比重将继续保持平稳上升的态势。近年来，服务业引资占全国吸引外资比例已超过七成，成为全新的增长点。其中，生产性服务业比重持续较快上升。2022年前4个月，服务业实际使用外资金额3129.4亿元，占全国实际使用外资金额比例的78.8%，同比增长46.8%。这些数据变化，意味着“十四五”时期我国服务业发展迎来难得的机遇期，正在迎来服务经济时代的“窗口期”，

离服务经济时代越来越近。

3.1.3　我国服务业上市公司特征分析

本书以万德数据库沪深 A 股上市的服务企业财报数据为数据来源，按照所属证监会行业，将服务业上市企业主要划分为：批发和零售业；交通运输、仓储和邮政业；住宿和餐饮业；信息传输、软件和信息技术服务业；金融业；房地产业；租赁和商务服务业；科学研究和技术服务业；水利、环境和公共设施管理业；居民服务、修理和其他服务业；教育；卫生和社会工作；文化、体育和娱乐业 13 个行业门类。为便于数据分析，样本中数量较少的行业类型没有进行单独划分。我们在所有的样本中剔除掉 ST 企业，以及 2010 年 1 月 1 日后上市的企业，最后得到 246 家上市服务企业 2010—2020 年 11 个年度的数据。主要以公司资产总额、营业收入、员工人数作为企业规模的代理变量，分析描述中国服务企业的发展现状及成长特征。

3.1.3.1　公司资产总额

如表 3-4 所示，从近 11 年的数据来看，样本公司资产总额年均值在 88.33 亿元以上，资产总额逐年增大，并且增加额有增大的趋势，表明中国服务业上市公司企业规模有逐渐扩大的发展态势。

表 3-4　2010—2020 年样本公司资产总额（单位：亿元）

年份	样本数	均值	标准差	最小值	最大值
2010	246	88.33	226.99	1.89	2156.38
2011	246	109.19	284.62	2.08	2962.08
2012	246	127.05	345.88	0.76	3788.02
2013	246	151.52	423.29	1.26	4792.05
2014	246	171.25	464.42	1.07	5084.09
2015	246	208.30	544.26	1.23	6112.96
2016	246	255.64	694.25	1.12	8306.74
2017	246	323.74	966.74	1.01	11653.47
2018	246	383.77	1226.15	0.91	15285.79
2019	246	438.31	1417.39	0.86	17299.29
2020	246	487.42	1588.80	2.16	18691.77

3.1.3.2 上市公司营业收入

如表 3-5 所示，从近 11 年的数据来看，样本公司营业收入年均值在 53.48 亿元以上，营业收入逐年增大，并且增加额有增大的趋势，表明服务业上市公司企业规模稳步扩张。

表 3-5 2010—2020 年样本公司营业收入（单位：亿元）

年份	样本数	均值	标准差	最小值	最大值
2010	246	53.48	136.79	0.01	1314.66
2011	246	66.50	168.53	0.01	1620.53
2012	246	76.22	184.61	0.70	1493.88
2013	246	87.65	216.00	0.26	2032.59
2014	246	91.35	208.58	0.11	1463.88
2015	246	100.40	221.73	0.13	1955.49
2016	246	123.67	267.02	0.13	2404.77
2017	246	144.30	312.53	0.61	2428.97
2018	246	165.99	374.89	0.67	2976.79
2019	246	183.95	437.84	0.24	3678.94
2020	246	192.04	514.06	0.50	4329.49

3.1.3.3 上市公司员工人数

总的来说，本书研究对象中，小、中、大三种规模的企业类型都有分布。如表 3-6 所示，从近 11 年的数据来看，样本公司员工人数年均值在 3453 人以上，并且有逐年增大的趋势，表明服务业上市公司企业规模在不断扩大，员工规模也在不断扩大。

表 3-6 2010—2020 年样本公司营业规模（单位：人）

年份	样本数	均值	标准差	最小值	最大值
2010	244	3453	7042.06	13	65085
2011	245	3958.36	7788.81	13	59872
2012	246	4197.17	8253.67	68	73668
2013	246	4319.92	8546.25	61	80175

续表

年份	样本数	均值	标准差	最小值	最大值
2014	246	4612.16	9087.32	67	82132
2015	246	5033.70	9648.83	75	87202
2016	246	5630.02	10704.49	65	93132
2017	246	6463.62	12537.16	77	96234
2018	246	6747.84	13804.41	82	104300
2019	246	7142.84	15211.45	63	131505
2020	246	7347.47	15450.41	67	140565

3.2　企业内生成长理论对解释服务企业成长的合理性

企业成长一直是经济学家和管理学家关注的焦点之一，取得了十分丰富的研究成果。然而，对于“什么是企业成长的源动力”这个问题，理论界存在较大的分歧，分化成两个不同的理论学派：企业内生成长理论和企业外生成长理论。前者认为企业内部因素（资源、能力、知识等）是企业成长的源动力；而后者则强调企业外部环境对企业成长的重要性，认为外部条件的变化是企业成长的源动力。企业外生成长理论存在的致命弱点是：它不能很好地解释企业之间的异质性。而对于这一点，企业内生成长理论却可以给予较好的解释。与企业外生成长理论不同，企业内生成长理论把对企业成长研究的视角从外部因素转移到内部因素，认为企业成长是内生性的，企业的内在因素（资源、能力、知识等）决定了企业成长的范围和程度，是制约企业成长的主要因素。

本书所关注的服务企业的客户资源在卖方市场时代一直受到企业的漠视，而随着竞争激烈程度的加剧和买方市场时代的到来，客户资源作为企业特别是服务企业盈利的主要来源，日益受到重视。因此，创造客户资源的营销职能及营销能力作为创新能力，已被越来越多的服务企业重视。

企业内生成长理论认为企业内部因素是企业成长的关键因素，这与唯物辩证法中的内因对事物发展起决定作用的理论是一致的。但企业的内生成长是有前提条件的。根据钱德勒的观点，真正的企业成长是现代工商企业出现之后的事情，而现代工商企业的出现是与两项重大的企业制度变迁相联系的：一是所有权与管理权的分离；二是企业内部科层管理结构的形成和发展。也就是说，只有在所有权与管理权分离、形成科层管理结构的现代企业制度下，企业的成长才是内生的。另外，几乎所有的内生成长理论都认为企业的异质性来源于企业内部要素（资源、能力和知识）的异质性，最重要的超额利润的源泉是企业内部资源所具有的特殊性，而非产业间的相互作用。

由此可见，企业内生成长理论需要现代企业制度作为前提条件，同时它能解释同行业中企业间的巨大差异（也就是优势企业相对于劣势企业的竞争优势）的来源。显然，服务企业作为一种新兴企业，已经建立了现代企业制度，实现了管理权与所有权的分离，并具有层级管理结构。因此，企业内生成长理论对服务企业具有很强的解释力。根据前文所述，本书认为服务企业的能力扩张既是目的也是结果，而资源扩张是导致服务企业能力扩张的原因。服务企业的成长是以能力扩张为目标的，服务企业成长的手段是资源扩张。本书试图利用企业内生成长理论这个工具，把服务企业客户资源作为买方市场竞争背景下企业重要的内部资源，把吸引、保留和增加客户资源的营销能力作为企业的核心能力来研究企业成长。

3.3 服务企业竞争优势的资源基础

《战略管理杂志》在1984年发表了Wernerfelt所撰写的《企业资源基础论》一文，奠定了企业资源基础理论的基础，同时正式将企业能力理论划分为资源学派与能力学派两个流派。两个流派相互独立，前者以资源理论为基础，后者以核心能力理论和动态能力理论为基础，但是两者又有着共同的理论基础——企业成长，因而在一定程度上，两者互为补充，都服务于企业成长的理论发展。

3.3.1 基于资源基础理论的服务企业成长分析

顾名思义，资源基础理论就是基于企业所拥有的资源来进行企业的各种分析。资源禀赋的比较优势在于资源的独特性，从而产生竞争优势。理论层面的假设条件主要有两个：（1）企业所拥有的资源包括有形资源和无形资源，具有差异性的特点。（2）由于资源具有独特性，因而不能流动于企业之间，也不能被复制。基于上述两个假设，可以说，一个企业对其独特资源具有垄断性，因而能够维护企业竞争优势的持续性。这也就是竞争力的来源。

3.3.1.1　资源基础理论的主要观点

资源基础理论的基本目标就是解构被经济学家视作生产函数的“黑箱”——企业，并将其拆解为更为基本的成分，以寻找企业竞争优势的根源所在。资源基础理论认为：企业是各种资源的集合体，同一行业内的企业彼此在资源和能力方面是有差异的，而这些差异将持续存在，正是异质性的资源和能力构成了企业竞争优势的基础。资源基础理论在资源的异质性和非完全流动性的基础上，提出了分析企业持续竞争优势的理论模型，认为企业在市场中的竞争地位归根到底取决于企业控制的资源状况。任何企业要想拥有持续竞争优势，必须具备以下四种特性：(1) 价值性——形成竞争优势的必要条件；(2) 稀缺性——其他企业不具有这样的稀缺资源就难以实施该战略；(3) 不可模仿性——保障竞争优势的持续性；(4) 不可替代性——不存在战略上对等的替代资源，或替代资源难以实施相同战略。

强调资源的重要性，是资源基础理论的出发点。在其主要代表人物 Montgomery 和 Collis 看来，资源是一个企业所拥有的资产和能力的总和。因此，一个企业要获得佳绩，就必须发展出一系列独特的具有竞争力的资源，并将其配置到拟定的竞争战略中去。在一个企业所拥有的各类资源中，哪些资源能成为企业竞争优势的基础呢？在实践中如何识别和判断不同资源的价值呢？Montgomery 和 Collis 认为，资源价值的评估不能局限在企业自身，而要将企业的资源置于其所面对的产业环境中，并通过与其竞争对手所拥有的资源进行比较，从而判断其优势和劣势。资源基础理论为竞争战略管理提供了一个新的视角，使企业开始关注能形成持续竞争优势的企业资源的识别、培育与获取。

Selznick 在 1957 年所著的《管理中的领导行为》一书中对“独特能力”这一概念进行了明确界定，因而成为比较早期的对资源基础理论进行解释的学者。他认为这种独特能力是领导能力的一部分，是能够使一个组织运行得更好的能力，这种能力的差异性主要是由于组织成熟度与环境的差异所致。同时，他认为，组织的整体凝聚力有利于独特能力的培育，并且有助于完成独特工作。这个概念界定揭示了资源基础观的基本想法，就是资源在企业的分布是不均衡的，并且是不可流动与被复制的。后来，资源基础观逐渐被古典战略理论学派吸收与发展，并将其纳入企业战略分析框架中。

关于资源基础理论，彭罗斯探讨了企业资源与企业成长之间的关系，基于经济学原理提出了“组织不均衡成长理论”，并写入《企业成长理论》一书中，使资源基础观不再只是观念上的讨论，而具有理论上的支撑。因此，学术界一般认为彭罗斯所提出的企业内生成长理论是资源基础理论的源头，其核心观点是：积累知识以拓展其生产领域的过程就是企业成长。彭罗斯将企业视为有机体，认为企业就是被一个行政管理框架协调并限定边界的资源集合。因而，企业成长也是非常自然的现象，企业的发展受限于企业内部的资源和能力。彭罗斯同时意识到，企业的资源和能力对于企业成长的基础性作用，因而强调资源和能力是企业获得持续竞争优势的源泉。生产性服务的异质性导致每一个企业具有独有的特征，而每个企业发展的方向必然受到所积累的资源的制约。因此，企业倾向于围绕自己最有优势的领域进行竞争和扩张。由于要素市场是有缺陷的和不完全的，在获取、替代战略资源和投入要素方面存在进入障碍，这些障碍阻止了竞争者获得和复制企业战略资源，由此造成了企业相互之间的异质性，并使企业获得持续竞争优势成为可能。彭罗斯的观点使得学者们开始重视资源与成长的关系，尤其是重视无形资源与资源特性方面的研究。Barney 在探讨企业的竞争优势时，发现企业可由本身的资源与能力的积累与培养形成长期且持续性的竞争优势，称为“资源基础模式”。继而他又指出，如果战略资源在所有相互竞争的企业中均匀分布而且高度流动的话，企业就不可能预期获得持续的竞争优势。某些企业之所以能在产品市场上获得竞争优势，就是因为它们能够通过不完全竞争的战略要素市场获得低价高产出的战略资源。总的来说，资源基础观开始使人们相信，企业可以通过提高资源的拥有量及资源的使用效率来使企业获得竞争优势。此后，Barney 将资源定义为一个企业所控制的并使其能够制定和执行改进效率和效能的战略的所有资产、能力、组织过程、企业特征、信息、知识等。他以企业间战略资源具有异质性且差异具有稳定性的假设为基础，探讨了企业资源与持续竞争优势之间的关系，建立了获得持续竞争优势的企业资源模型，提出了为获得竞争优势所需要的企业资源的特征。

不少学者也开始思考资源基础观是否为一个新的企业战略理论。Grant 首先将资源基础观以“理论”一词称呼，指出探讨战略与资源的关系应主要从两个层面进行：(1) 在公司战略方面，探讨资源决定企业活动的产业或地理边界所扮演的角色；(2) 在事业部战略方面，探讨资源、竞争与利润之间的关系。他从两个层面的研究中明确提出资源基础理论。对此，Barney 认为竞争优势之所以能持久，是因为公司拥有异质性以及不可移动性，该观点与彭罗斯认为企业竞争优势是来自该企业所特有的异质性资源而非其他企业相近的同质性资源的观点十分相似。

Peteraf 提出了资源在满足以下四个条件时能够为企业带来竞争优势：第一，资源的特殊异质性。这表明具有竞争优势的资源是那些高效且供给相对有限的资源，这类资源供给的扩展速度相对较慢，而拥有这类资源的企业相对于其他企业也就拥有了对较稀缺资源的垄断性控制，从而拥有了得到超出平均利润的“经济租金”的能力。第二，具备对竞争优势的事后限制性。这要求企业在通过资源异质性获得“经济租金”之后，拥有某种能够保持“经济租金”持续性的能力，这要求资源具有不完全替代性与不完全模仿性两大关键属性。第三，资源不完全流动性。这意味着企业在从市场获取相关资源后，由于企业内部资源的特性，企业在资源利用效率上存在差异性，资源利用效率高的企业即获得了依靠企业内部资源优势所产生的“经济租金”，即依靠资源的不完全流动性带给企业的竞争优势。第四，资源的事先限制性。一般的资源由于极易被模仿，导致企业在获取这类资源后，同类企业极易通过模仿、学习，使得企业资源优势消散。资源事先限制性要求企业在获取高效资源时具有比追随者更低的成本，即企业能够通过低成本获取高效资源，从而获取“先发优势”。总而言之，企业的资源只有在满足以上四个条件时才能够持续带来竞争优势。

部分学者力图将对企业内部条件的分析与以产业环境为基础的外部研究有机地融合在一起，Montgomery 与 Collis 研究认为，企业皆是一个个独特的资源与能力相互交融的结合体，企业间资源的差异性以及企业利用资源的能力是企业能否获得成功最为关键的要素。通过对所在产业环境以及各类竞争对手的分析进行企业资源的替代性评估、持久性评估、不可模仿性评估、占有效率评估以及综合的竞争优势评估是企业制定战略必不可少的环节，而其中的产业机遇与企业资源的现有状况是企业在制定战略时所应考虑的最为基础的两个因素。此外，近年来在学术界颇受追捧的对知识基础观、战略决策、战略领导理论等的研究都可以认为是资源基础观的衍生物。

资源基础理论甚至比产业分析理论出现的时间更早。但是由于资源基础理论在产生之初过于重视理论化，缺乏对实际运用的研究，因而并未引起学术界的重视，影响也相对较小。相比之下，企业对自身资源与管理能力的分析能够更为透彻、深入，在制定战略时，将企业内部条件作为分析、参考的基础，无疑能够帮助企业掌控企业的发展进程，制定的战略也更为符合企业的实际。基于此，研究者将研究的重点逐步由关注外部因素向关注企业内部资源转移。资源基础理论正是随着这种研究重点的转移从传统的战略理论中脱颖而出，并随着理论体系的不断完善，日益发展成为当前战略管理研究体系中重要的前沿理论之一。

经过多年的努力，资源基础理论研究取得了一定的研究成果，但是资源基础理论相对于主流战略理论来说，发展仍较为缓慢，时至今日尚未形成较为稳定且完备的思想理论体系，以及逻辑严密、连贯的理论研究框架。虽然资源基础理论发展还未成熟，但它仍是战略管理理论近 40 年融合、发展而形成的最为精华的研究成果，它的出现为战略管理研究注入了新的活力，大大拓展了战略管理研究的广度与深度，在战略管理理论的发展过程中具有里程碑式的意义。现有研究主要从两个不同的角度进行分析，因而形成了两个不同的研究分支：一方面，基于企业自身的特点进行深入的探讨分析，也就是通过分析企业内部资源的异质性，探寻影响企业获取持续性竞争优势的主要因素，以及导致不同企业效益存在差异的根源；另一方面，基于企业资源特性，结合市场竞争的特征，探析竞争优势的获取，以及不同发展阶段竞争战略的不同选择，以此为契机，分离、归纳出不同竞争战略的特征和形成条件。

3.3.1.2 服务企业资源价值的评价

资源是形成企业竞争优势的基础，但并不是企业的所有资源具有相同价值。本书认为，服务企业各项资源的价值评估不能仅仅局限于企业内部，而要将资源和能力放眼于企业所在的产业环境，通过与其竞争对手资源的比较，发现企业拥有的有价值的资源。正如 Montgomery 和 Collis 根据 Barne 的资源支撑持续竞争优势和资源基础理论所强调的那样，企业资源的价值体现在企业与其赖以生存的竞争环境在需求性、稀有性、专用性三个方面相互作用的结果。资源的价值产生于这三个方面的交叉区域，即一项资源为顾客所需，同时由于不可能为竞争对手复制而显得稀有，且其所创造的价值能为这一企业所占有。

1. 顾客需求

资源价值的首要影响因素是必须在一个顾客愿意支付的价格水平上满足顾客的某种需求。然而，顾客愿意支付的价格水平受到消费者偏好、替代品以及互补品的供给等因素的共同影响，而这些因素又是不断变化的。只有在服务企业能够比竞争对手更好地满足顾客的需求时，该资源才会有价值。因此，服务企业资源的异质性尤为重要。顾客对某一特定资源的需求的替代品竞争十分敏感，这也严重地影响到资源的价值。迈克尔·波特的“五力”模型也强调了“替代品的威胁”。因此，企业必须拥有其他企业没有且难以模仿的异质性资源。

2. 资源稀有性

资源是否有价值的第二个检验条件是其稀有性，即在自由市场上是否很难获取，如果市场上这种资源的供给十分充足，且竞争对手很容易获得，那么竞争对手就能轻易地复制企业的竞争优势，这样企业也就丧失了竞争优势。在服务行业中，如果拥有独特的有价值资源的企业数少于形成完全竞争状态所需的企业数，那么这种资源就是稀缺的，而且有可能产生竞争优势，企业的竞争战略能持续进行且发挥长期作用，服务企业资源的稀有性也必须长期保持。资源的稀有性源于资源的异质性、不完全流动性和不可模仿性。企业资源的异质性导致了企业之间的异质性。由于资源是不完全自由流动的，使得企业之间的异质性可能会长期存在。如果一个服务企业拥有稀缺的、能够创造价值的资源，并且这些资源既不能够被其竞争对手所模仿，也不能被其他资源所替代，那么它就具有垄断的地位，并成为企业获得持久竞争优势和超额利润的必要条件。不可模仿性应处于资源价值创造区的核心，因为它限制了竞争的发生，可能成为长期优势的基础。

3. 专用性

即使某一资源能满足顾客的需求同时也是稀缺的，仍然存在一个利润分配的问题，即由谁享有这一资源所产生的利润。这里存在一个错误观点，即认为利润必定流入企业的所有者手中。通常，只有在资源产生的价值十分明显，所有权被很明确地建立起来的情况下，利润才会流入资源的所有者手中。所以，专用性对于资源的所有者来说是十分重要的。

3.3.2 资源基础与服务企业竞争优势的来源

Wernerfelt 认为，企业是由一系列资源束组成的集合，每种资源都有多种不同的用途，企业的竞争优势源自企业所拥有的资源。外部的市场结构与市场机会对企业的竞争优势产生一定的影响但并不是决定性因素。然而，随着研究的深入，人们发现并非所有资源都可以成为企业竞争优势或高额利润率的源泉，因为在竞争较充分的市场上，很多资源是可以通过市场交易获得的，只有隐藏在资源背后的企业配置、开发、保护、使用和整合资源的能力才是企业竞争优势的深层来源。企业竞争优势的根源由具体的资源变成抽象的能力。

3.3.2.1 服务企业竞争优势的来源：特殊的异质资源

基于资源基础理论，从本质上说，企业是一个由各类资源组合而成的有机统一体。单从资源来看，每一资源都可能具有多种用途。为了提高资源的利用效率，企业需要通过各类决策决定资源的用途。一旦做出决策，相当于赋予了资源专用性，且这种决策具有不可逆性。同时，企业当期的决策会对企业后期的资源配置产生影响，当期的决策也会受到前期决策的约束与限制，这意味着企业资源配置决策会削弱企业的灵活性。但是，企业仍致力于资源配置，提高资产专用性，以此提高企业资源利用效率，提升资源价值。

资源基础理论指出，企业资源的不同种类、不同资源决策方式构成了不同企业之间资源的异质性，而正是企业资源的不同导致企业获取利润能力的不同，导致企业攫取“经济租金”能力的不同。服务企业资源的异质性主要集中在企业知识与能力方面的差异。基于资源自身特性的视角，只有满足下述五个方面的要求才能作为企业攫取竞争优势的资源：(1) 企业能够以低于资源自身价值的价格获得资源；(2) 资源具有其他资源无法替代的属性；(3) 资源本身具有使用价值；(4) 资源的独特性使其在技术上难以被完全模仿或者模仿成本过高；(5) 资源具有稀缺性。服务企业的客户资源的特质与这五个指标一一匹配。可以作为特殊的异质资源打造为服务企业竞争优势的来源。

3.3.2.2 服务企业竞争优势的持续性：资源的不可模仿性

资源基础理论表明，资源的异质性是企业获取竞争优势的源泉。资源的异质性能够为企业攫取“经济租金”，从而获取利润。但是，从理论上说，特殊的异质资源带来的竞争优势是暂时的。如何获取持续的竞争优势？资源基础理论的研究认为，至少存在三个方面的因素能够阻止企业进行资源异质性的模仿学习：(1) 存在因果之间的含糊性。企业处在复杂的内外部环境中，是一个由多种资源构建的有机复杂体，而企业所获得的竞争优势是企业作为一个整体共同运作所产生的结果。竞争优势并没有直观、明晰的指向某一资源。这使得后来的模仿者不能确定应该模仿哪些资源，而哪些资源并没有模仿的必要。并且，模仿者要进行模仿，首先必须付出一定的信息收集成本，收集的信息越全面、细致，付出的成本越高，这使得通过模仿获取的收益很有可能被信息收集成本所抵消。(2) 资源具有路径依赖性。路径依赖性主要是指企业过去的管理、技术积累会对现在产生影响。资源的路径依赖主要是指企业过去由于卓越的洞察能力或者基于偶然因素占据了某种资源，但该资源所具备的价值或优势在当时的环境中未被激发，随着内外部环境的变化，该资源所具备的优势逐渐显现，但是现在想获取该资源成本过高，或者该资源已经不存在，或者需要漫长时间的积累才能够获得，拥有这类资源的企业也就难以被模仿，获取了较为长久的竞争优势。(3) 模仿成本较高。模仿者要进行模仿必然需要付出一定的模仿成本。一般而言，模仿成本主要包括两类：时间成本和资本成本。时间成本是指，如果模仿者需要花费较长的时间进行模仿，才能够得到相应的资源，由于环境变化、市场变迁，模仿所得的竞争优势可能在模仿尚未形成时已经消失，模仿也就失去了意义。在这一种风险的影响下，模仿者很可能在最初就放弃了模仿。资本成本是指，即使模仿的时间很短，但如果模仿需要投入大量的资源，所花费的成本可能超过了所获得的收益，也将导致模仿者放弃模仿。即当模仿成本和风险超越了模仿所能够带来的收益时，模仿者将放弃模仿，拥有这类资源的优势企业将获得持久的竞争优势。客户资源作为一种特殊资源，竞争对手不可模仿，且开拓和维系客户的成本很高，需要投入大量的人力、物力、财力及时间资源。因此，可以将客户资源打造成为服务企业的持续竞争优势。

3.4　服务企业能力-成长理论分析

企业的竞争优势理论最开始是从彭罗斯的“资源与能力”方法出发，继而发展为核心能力论、资源基础论等多种理论基础。它主要是用于研究企业的成长机理和源泉。彭罗斯提出，无论是企业单项业务的扩展还是企业的多元化扩张，都是由企业的资源能力所决定的。许多大企业存在一个共同的特征，即基于特定领域的能力和技术知识进行多元化扩张。企业的发展能力依赖于企业的持续积累和不断的实践。企业的成长便是将企业的资源、能力和依靠管理团队能力所察觉到的生产性机会进行紧密融合的驾驭过程。这便是企业核心能力观的一个最初探讨和尝试。

企业所具备的组织能力是实现企业成长最为关键的驱动力。所谓组织能力主要是指企业在生产、销售与管理等多个方面所具备的技能，它是一个由企业所有物资设备以及人的技能所构成的有机结合体。现代工业企业具备一定的共性，这类企业在获取成长能力时，首先是通过对生产设备、企业的销售与采购网络进行投资来实现的，而企业规模扩张的最后一步往往是基于对企业管理人员的技能提升得以实现的。以上可以统一归集为企业的组织能力，因此，企业的组织能力无疑是实现企业成长的最为重要的内在动力因素。

企业的核心能力是企业得以发展与成长最为关键的因素。企业的核心竞争能力是企业的技术、知识、资源、知识等相互融合而形成的有机的综合能力。企业一旦具备了核心竞争能力，便意味着企业具有了进行内在性发展的基石。核心竞争能力具有异质性，企业的核心竞争能力应当具备独特的性质，与其他企业存在明显的差异性，而这种差异性是难以替代与模仿的，因而保证企业能够较长时间处于竞争中的优势地位。核心竞争能力应当具备衍生性。一方面，企业的核心竞争能力能够帮助企业进行市场或产品的扩张，以此促进企业的成长；另一方面，企业的核心竞争能力能够为企业进行多元化扩张提供足够的知识与能力储备，成为扩张的逻辑主导。核心竞争能力应当具有价值，即核心竞争能力能够为企业带来其利润的绝大部分，若其为企业创造的利润很少，甚至无法为企业创造利润，这种能力则不是企业的核心竞争能力。

3.4.1 服务企业成长的目的和结果——能力的扩张

企业能力论者认为“能力”是一个动态的概念，基于不同的研究目的和研究角度，“能力”被他们赋予了许多不同的含义和特征，包括彭罗斯提出的企业的管理能力，Prahalad 和 Hamel 提出的企业的核心能力，钱德勒所分析的组织能力，以及其他学者提出的技术创新能力、学习能力、技术能力等。这些概念种类繁多，且没有统一的标准，从而无法对它们进行比较，甚至相互之间在内涵上有所重叠。本书认为，核心能力是技术能力的子集，是一种特定的技术能力，它能为企业带来独特而不可模仿的竞争优势。核心能力是服务企业成长的内核。本书将对核心能力与服务企业的关系进行深入分析。

3.4.1.1 核心能力

1990 年，Prahalad 和 Hamel 在《公司的核心能力》一文中提出了“核心能力”的概念，认为核心能力就是企业组织中的积累性常识，特别是关于如何协调不同生产技能和有机结合多种技术流的学识。核心能力至少应该具有三个特点：第一，提供进入多种产品市场的潜在可能性；第二，向终端产品附加明显的使用价值；第三，竞争对手难以模仿。这里所说的能力的模仿实际上是对竞争对手知识的学习和资源的模仿以达到和竞争对手在某一领域相近的绩效。

在 Prahalad 和 Hamel 研究的基础上，Prescott 和 Visscher 提出与核心能力相对应的另一个概念——附属能力，认为核心能力和附属能力一起构成了企业所有的能力。其中，核心能力具有异质性和不可竞争性，它是与企业紧密联系在一起的，既不能被别的企业所模仿，也不能在市场上进行买卖；相反，附属能力具有同质性和可竞争性，它们既能通过市场交易获得，也可以在企业内部以一定的成本产生。

3.4.1.2 核心能力、附属能力与服务企业的边界

兰格·路易斯和罗伯特尔森认为，既然企业的核心能力无法在市场上买到，而附属能力可以通过合约和企业内部学习、积累两种途径产生，那么，企业的边界部分取决于在企业内部形成附属能力和以合约形式从市场购买附属能力的相对成本。核心能力在环境发生变化时很容易表现出某种抗拒变化的特性，即“核心刚性”，于是，环境的变化很容易导致企业丧失核心能力。同时，其他企业也在不断地积累知识和技能，通过学习和模仿也形成了相同的核心能力，企业原有的核心竞争力成为可替代、可竞争甚至行业必备的附属能力，那么企业真实的核心能力就缩减了，企业的边界也缩小了。

总之，企业的活动范围由企业核心能力的大小以及内部形成附属能力与市场购买的成本比较共同决定。一般来说，核心能力越强、越广泛，被内部化的活动就越多，同时企业自己形成附属能力的成本越低，企业的活动范围也越大。核心能力在其中起着基础性的作用，而附属能力只能在核心能力的基础上发挥辅助性的作用。企业核心能力是动态的，它的变化决定了企业边界的演进。这些结论与实际情况也是基本相符的。在现实中，服务企业动态能力的提高意味着企业竞争力的增强，势必会促进企业的扩张。

3.4.2 营销能力是服务企业内生成长的主要动力

事实上，营销能力是能力重要的组成部分，动态营销能力是动态能力的重要组成部分，但是营销能力一直没有得到应有的关注。随着企业能力理论的兴起，营销管理领域也开始关注企业营销能力的建设。其实，我们可以把营销能力视为企业对市场变动所带来的生产机会的识别和利用。在现今典型的买方市场的环境下，对服务企业而言，营销能力是识别自身的利基市场以实现企业成长的关键能力，对企业成长有着至关重要的影响。营销能力包括两个相互关联的领域：一是营销组合流程的能力；二是营销战略开发与执行的能力。企业的内部生产职能分为机会相关职能、技术相关职能以及管理相关职能（Miles et al.，1978）。其中，机会相关职能类似营销能力。机会相关职能进一步可以划分为4个维度：产品-市场领域，是指企业所占据的市场领域及产品宽度；成功姿态，是指企业对市场变化的态度；监督方式，是指企业通过何种方式感知外部的市场变化；成长，是指企业快速成长的动力。

由于营销能力的稀缺性、价值性、不可替代性以及不可模仿性，如之前文献综述的结论，企业强大的营销能力将会带来更高的企业绩效，从而推动企业快速成长。企业营销能力的形成将会通过吸引、保留、增加客户资源为服务企业带来持续的竞争优势。

在信息化时代，盘活资源，将资源转化为能够创造顾客价值的资产最为关键。将资源转化为有价值的资产从而创造企业竞争实力是资源基础观研究的一个真空地带，本书尝试借助于营销能力、客户资源阐明将资源转化为盈利的顾客资产，进而解释资源与产品及市场之间相联系的机制。

3.4.3　服务企业内生成长的机理

本书在以上基本理论分析的基础上提出了基于动态能力的服务企业内生成长的机理，如图 3-1 所示。

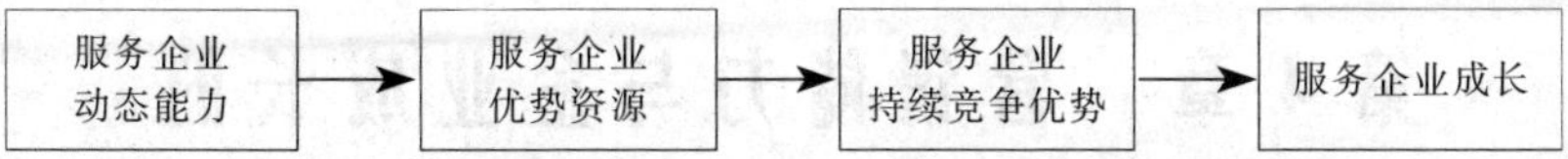

图 3-1　服务企业内生成长的机理

资源基础理论的不断演化引起企业理论分析方式的重要转变，对企业成长的剖析由此开始从企业资源水平、企业资源结构构成、企业资源结构多样化、企业资源结构改变、外部资源结构构成及其变动出发，企业成长不再仅是经济学框架下受市场供求关系变动的结果，更是内外部资源积累的相互作用、相互协调的过程。如果企业拥有独一无二的资源和能力，或者是在企业的价值链中拥有更为有效率的组织结构，那么企业就可以很好地从这些资源优势中获利。

由于服务企业的基础能力以专有技能、组织惯例和互补资产为主，所以特定服务企业的专有技能和组织能力被模仿和被复制是很难的。因此，根据服务企业内生成长框架，服务企业的竞争优势来源于不断发生变化、各式各样的组织过程中的动态能力，但组织运行的流程及其生成竞争优势的可能性，由企业所采用、继承的演进路径以及企业所拥有的内部资源所打造。

资源的动态性强调两个关键方面：一是获取竞争优势的资源后必须适应不断变化的市场环境而不断更新管理能力和知识；二是能力和知识要在调整、整合、重构内外部组织技能和资源来满足环境变化的要求方面发挥出关键的作用。

服务企业文化、价值理念、客户资源和经验等软性资产难以流动，只能在长期的组织过程中被逐渐构建和打造出来。管理层也需要具备不断重构已经拥有的与资源匹配的能力，建立企业动态资源优势。

第4章 营销能力与企业成长的构成维度与界定指标

本章主要探讨服务企业营销能力和企业成长的构成维度及界定指标。首先，基于营销概念内涵的变迁对营销能力进行概念界定，在此基础上确定营销能力的构成维度。然后，通过分析现有营销能力衡量指标，确定本书对营销能力的处理方法及衡量指标。最后，将服务企业成长划分为两个维度，在回顾现有企业成长指标的基础上确定了本书对企业成长的界定指标。

4.1 基于客户价值的营销能力

4.1.1 动态环境的特点

动态营销能力的主要特点就是能够随着环境变化而进行自我调整。企业生存的土壤就是外部环境，外部环境的变化可能给企业带来发展机遇，也可能带来风险和挑战。著名的管理学家巴纳德是较早关注环境影响的学者，他强调管理者要重视环境，建议调整组织以保证与环境的和平共处。战略管理既要保证环境变化和组织战略动力之间的配合，也要保证战略动力和战略能力（如组织文化、管理能力等）的配合，而且外部环境比内部环境更重要。企业的经营环境大致可以分为静态环境、动态环境和超竞争环境三种。静态环境是极端静的一种状态，而超竞争环境是极端动的一种状态；动态环境呈现出动荡的、复杂的和难以预测的特征。在不同的环境状态下，企业有不同的战略举措。现在的环境是绝对动态的，要求人们必须转变静态线性思维，而应当具备动态多向思维，能够迎合环境变化去自我调整。企业环境有内部环境与外部环境之分，本书中的动态营销环境特指服务企业所面临的动态的外部环境。综上所述，本书认为动态环境主要有以下特点：

1. 外部宏观环境的绝对变化性

外部环境相对稳定，但变化性是绝对的。在全球化的浪潮中，社会、经济、技术等宏观环境变幻莫测，而且彼此之间交叉渗透，企业的组织形式不固定，企业边界被模糊化、虚拟化，导致企业对竞争对手的行为研究，对顾客需求的准确预测，包括对企业经营业绩与竞争结果的预测变得更复杂，难度更大。因此，企业要对不断变化的外部环境保持敏感性，不断适应环境的变化。

2. 动态竞争程度加剧

环境变化程度的加剧，必然导致动态竞争的加剧。竞争从单一产品竞争变为多种产品竞争，从区域竞争变为全球化的竞争，竞争工具也由单一的价格竞争变为多种差异化的竞争工具。同时，知识与技术更新加快，信息的发展使得知识与技术快速扩散，进而导致产品甚至行业的生命周期逐渐缩短，导致各方竞争加剧。在动态竞争环境背景下，一方面，每一个竞争对手都可能不断地建立竞争优势，形成高强度和高速度的战略互动；另一方面，竞争优势的长期保持是相当艰难的，任何企业的先动优势都是在一定时空范围内的，有可能被竞争对手的模仿或创新行动所击败。

3. 消费者需求动态变迁

由于消费者的偏好不断变化、升级和转型，消费质量的标准不断提升，消费时间和动机呈现差异化，消费需求呈现个性化、多维需求的特点，以往的价格、质量的二维模型已经无法对当前消费者的偏好进行解释。

因此，服务企业要对接外部环境、竞争加剧及消费者需求的变迁，必须提升动态营销能力，以更好地增加顾客，管理顾客价值，增强企业竞争优势。

4.1.2　基于资源视角的营销能力

作为管理者长期构建、整合和重构企业能力的基础，基于资源视角理解的营销能力体现为企业在不断变化的市场环境与技术环境下，使用市场知识和配置营销资源的过程。所涉及的资源包括人力资本、社会资本和管理者认知资源。

4.1.3 基于商业流程视角的营销能力

基于商业流程的视角，一般认为营销能力就是能够应对环境变化，并在回应中创造和传递较好顾客价值的特殊流程。营销能力体现为企业在应对市场变化时创造和传递顾客价值的跨部门商业流程的反应速度和效率。基于商业流程视角，本书将营销能力定义为企业对营销相关资产和知识进行整合和配置，用以创造和传递客户价值，并最终获取和维持竞争优势的快速反应性和高效率的组织流程。

4.1.4 基于客户价值视角的营销能力

尽管学者们对于营销能力在提升企业绩效和竞争优势方面的作用达成了共识，但在研究者提出的营销能力构成要素和对其进行评价的过程中，对于营销能力的维度分解和阐释存在着明显的分歧。随着营销管理内涵的变迁，本书认为营销能力的内涵也需要重新界定。

4.1.4.1 对营销内涵理解的变迁

“市场营销”已提出150多年，20世纪70年代以来，营销进入成熟和分化阶段。这50年来，营销思想不断进化，营销的战略功能越来越明显，逐渐发展成为企业发展战略中最重要和核心的一环。在此期间，作为战略性的营销思想发生了重大的变化，从营销1.0发展到营销4.0，具体如表4-1所示。

表4-1 营销1.0到营销4.0的发展

	营销1.0	营销2.0	营销3.0	营销4.0
营销内涵	产品中心营销	消费者导向营销	价值观驱动营销	共创导向营销
营销目标	销售产品	满足并维护消费者	服务世界	实现自我价值
市场的定义	具有生理需求的大众买方	有思想和选择能力的聪明消费者	具有独立意识和精神的完整个体	消费者和客户是参与企业的主体
价值主张	功能性价值	功能性价值和情感性价值	功能性、情感性和精神化价值	共创价值、自我价值实现
与消费者的关系	一对多的交易关系	一对一交易关系	多对多合作关系	网络性参与和整合关系

营销 1.0 是工业化时代以产品为中心的营销，其假设企业的产品和技术都是一定的，而购买该产品的顾客群体以及迎合的顾客需求是未定的，企业生产产品的目的是满足大众市场需求，企业致力于寻找和发掘顾客需求。在这种情况下，企业尽可能扩大规模，标准化产品，不断降低成本，形成低价格来吸引顾客。营销 2.0 是以消费者为导向的营销，消费者是有思想和选择能力的聪明消费者，企业向消费者诉求情感与形象，目标是满足并维护消费者。在这一情况下，企业需要通过满足消费者特定的需求来吸引消费者。营销 3.0 是合作性、文化性和精神性的营销，企业具有服务整个世界的使命、远景和价值观，将消费者视为具有独立意识和精神的完整个体，其任何需求和希望都不能忽视。以不同企业的价值观来区分其定位，因此，营销 3.0 也被称为价值观驱动的营销。营销 4.0 关注客户对自我实现的诉求，企业将营销的中心转移到如何与消费者积极互动，让消费者更多参与到价值的创造中来。客户从被企业作为价值捕捉、实现销售收入与利润的对象，逐渐变成最重要的资产，与企业共创价值，形成交互型的品牌，此过程同时也需要其他利益相关者的参与和配合。随着资产数据化，企业与消费者、客户以及其他利益相关者之间变为一个共生的整体。根据以上梳理，我们可以提炼出营销能力内涵变迁的四个阶段：

1. 营销只是单一的管理职能

在一般管理人员眼中，营销是一个由若干类型的专业人员聚集在一起分析市场、寻找机会、制定营销战略、设计特定的战术和措施、拟定预算、建立控制方法的部门职能。营销工作是营销部门的事。营销只是一种单一部门职能而已。

2. 营销是销售产品，实现交换

美国市场营销协会（AMA）（1960）对营销的定义：营销是引导产品或劳务从生产者流向消费者的企业营销活动。McCarthy（1960）认为市场营销是企业经营活动的职责，它将产品及劳务从生产者直接引向消费者或使用者以满足顾客需求及实现公司利润。Philop Kotler（1984）认为市场营销是指企业的这种职能：认识目前未满足的需要和欲望，估量和确定需求量大小，选择和决定企业能最好地为其服务的目标市场，并决定适当的产品、劳务和计划（或方案），以便为目标市场服务。AMA（1985）认为市场营销是对思想、产品及劳务进行设计、定价、促销及分销的计划和实施的过程，从而产生满足个人和组织目标的交换。

3. 营销的本质是满足需求

菲利普·科特勒（2001）认为市场营销是个人和集体通过创造产品和价值，并同别人自由交换产品和价值，来获得其所需所欲之物的一种社会和管理过程。任天飞（2010）认为市场营销是在市场营销环境中的个人和组织通过创造产品和价值，实现价值交换，以满足社会需要并获得其所需所欲之物的过程。

4. 营销是创造和传递顾客价值

菲利普·科特勒（2004）认为营销管理是选择目标市场，并通过创造、沟通和传递卓越的顾客价值来吸引顾客、保留顾客和增加顾客的艺术和科学。菲利普·科特勒（2004）认为营销是一种商业职能，它识别未被满足的顾客需要和欲望，确定并衡量它们的规模及潜在的利润率，判断出组织能够对哪个目标市场提供最好的服务，决定提供合适的商品和服务，为服务所选择的市场做出详细计划，号召组织内部的每一个人为顾客着想并服务于顾客。AMA（2004）认为营销是为顾客创造、传送价值，与顾客沟通，并经营顾客关系，以便让组织与利益相关者受益的一种组织功能与程序。在某种程度上，新产品的开发和商业化以及企业的营销带动着服务业，营销在中国的服务企业中扮演着重要的角色。具体而言，营销通常可以帮助企业获取有关顾客、竞争者和市场趋势的重要信息（Shah，et al.，2006）。营销的主要作用在于帮助企业及其员工将注意力聚焦于顾客关系价值最大化以及从现有的和新的顾客中产生收益源，这通常是企业创新管理行为的一个重要元素（Rust et al.，2004）。AMA（2013）认为市场营销是在创造、沟通、传播和交换产品中，为顾客、客户、合作伙伴以及整个社会带来价值的活动、过程和体系。

综上所述，随着研究的发展，市场从卖方市场到买方市场的转变，竞争从区域竞争到全球竞争的发展，利润从暴利到微利的缩减，市场上因为过度竞争造成大量产品过剩，相对于过剩的产品，实际上短缺的是需求，是客户，而营销就是为了吸引、保留、增加顾客。营销的职能变得空前重要，对营销内涵的定义和理解也发生了变化，相应地，对营销能力的定义也要随之发生变化。

4.1.4.2　客户价值的内涵和研究视角

1. 客户价值的内涵

客户价值是相对于客户感知界定的概念，它是指客户从挑选、购买和使用产品或服务所得到的总的价值与所支付的总成本之间的权衡。只有当客户评估其所购买的产品和服务满足之前的期望值时，客户才会满意，从而持续购买或增加购买，形成客户忠诚。企业只有能够持续地为客户创造、提供及传递卓越的客户价值，即相对于竞争对手，能给客户提供低成本的客户价值，才能获取客户的满意和忠诚。

在对客户价值概念进行的研究中，有一些研究成果具有较大影响。菲利普·科勒特提出了“客户让渡价值”的概念：所谓客户让渡价值，是指总客户价值与总客户成本之差。总客户价值就是客户期望从某一特定产品服务中获得的一组利益，而总客户成本是在评估、获得和使用该产品和服务时而引起的客户预计费用。同时，菲利普·科勒特还进一步分解了总客户价值和总客户成本的构成要素：总客户价值包括产品价值、服务价值、人员价值和形象价值；而总客户成本包括货币成本、时间成本、精力成本和体力成本。对企业来说，必须在总客户价值和总客户成本之间进行权衡和评估，并考虑与竞争对手之间的差别，从而为客户提供具有更多让渡价值的产品和服务，才能获取持续竞争优势。Zeithaml 则用“感知价值”的概念来理解客户价值：客户感知价值是客户感知到的所得和感知到的所失而形成的对产品效用的总体评价。Gale 将客户价值定义为客户相对于产品价格而获取的市场感知质量。这些界定从客户角度出发，分析了客户价值的内涵，强调客户价值是客户的“收益”。

2. 客户价值的研究视角

目前，对客户价值的研究按对象的不同可分为三个不同的视角：客户视角、企业视角和价值共创视角。

（1）客户视角的客户价值。从客户视角研究客户价值，认为客户价值就是客户感知到的价值，是在整个消费过程中客户感知到的产品和服务给他带来的收益和所付出的成本之间相比较的差额。

（2）企业视角的客户价值。从企业视角研究客户价值，认为客户是企业的一种资产，通过高效地管理，企业可以实现客户资产的价值增值。不同的客户对于企业来说具有不同的价值，特别是终生价值。企业可以通过计算每个客户价值的大小衡量客户对于企业的相对价值和重要程度。企业视角的客户价值管理就是鉴别出高盈利性的客户，从而配置相应的资源，以实现客户终生价值的最大化。

（3）价值共创视角的客户价值。价值共创视角是同时包含客户、企业及其他利益相关者的视角，重点是客户与企业的价值交换过程。这种价值交换过程能同时实现客户与企业还有合作伙伴的利益，形成一些其他的经济与非经济关系。价值共创视角有影响力的研究成果目前尚不多见。

本书所提出的“基于客户价值的营销能力”中的客户价值，是指基于客户视角的客户价值，即企业为客户创造的价值，它是客户忠诚的关键影响因素之一。而企业视角的客户价值，在本书中被界定为客户资产价值，也就是说，客户价值强调客户收益，客户资产价值强调企业收益。

4.1.4.3 基于客户价值的营销能力

经济全球化和现代科技的快速发展，导致市场竞争的加剧以及消费者需求的不断变化。在这样的情境下，企业获取和保持持续竞争优势的根本在于是否具备面对快速变化的市场条件的动态能力。近年来，企业对顾客关系管理系统的投资巨大，但不是所有企业都能成功地实施完整的战略和流程，因此投资回报率很低。在此背景下，本书关注在动荡变化的环境下构建企业营销能力的问题。在基于营销能力的竞争优势的分析框架中引入了动态的因素，提出了基于客户价值的营销能力的概念。

企业的内外部环境不断变化，营销能力是企业为了适应市场和技术的变化，运用和整合市场知识与客户资源的能力。本书将基于客户价值的动态营销能力界定为企业应对环境和市场变化，运用跨职能流程部门探索、创造和传递顾客价值的能力。基于客户价值的营销能力具有以下特点：

1. 兼顾资源基础理论与能力理论

资源基础理论认为，持续、卓越的企业绩效来源于企业拥有的异质性资源，比如品牌、顾客关系和渠道伙伴关系。营销学者也意识到了客户资源与竞争力之间的关系。然而，资源基础理论并没有全面地解释特定企业如何以及为什么能够在存在诸多不可预见变化的快速发展的市场中获得竞争优势。资源基础理论仅仅强调了创造企业竞争优势的资源的静态属性。动态能力理论倡导者主张重点聚焦于探究资源如何创造企业竞争优势。客户资源是企业的基础资源，对客户价值的管理能力是企业业务和能力重要的组成部分。因此，基于客户价值的动态营销能力一方面通过探索、创造和传递客户价值“生产”客户资源，另一方面它又不是静态存在，它需要对接外部环境瞬息的变化，还需要对市场需求和竞争的变化保持敏感性。

2. 客户价值的管理

企业要打造基于客户价值的动态营销能力，核心是提供卓越的客户价值。这是一个探索和选择、创造和提供、沟通和传递的过程，也是企业对客户价值管理的过程。在数字经济的背景下，企业通常借助于客户关系管理系统对客户资源加以管理。

总之，基于客户价值的动态营销能力对于企业获取竞争优势具有不可或缺的作用，这种能力不仅对于创造和传递顾客价值具有特别贡献，而且能够加速企业适应外部环境，更是难以被竞争对手所复制或在组织之间转移。从创造可持续竞争优势的角度来看，相对于过剩的产品和激烈的竞争，只有以提升客户价值为出发点的营销能力，才是服务企业长期稳定利润的来源。

4.2　服务企业营销能力维度及界定指标

4.2.1　营销能力构成维度

4.2.1.1　营销能力构成维度研究的回顾

无论是在资源基础理论时代，还是在动态能力理论时代，营销学者、资源基础理论学者和动态能力理论倡导者都强调了组织生存和发展的关键在于建立并维持竞争优势。基于此，营销学者找到了营销研究与能力理论的契合点，将基于资源基础理论的营销资源基础研究推进到基于能力理论的营销能力研究，促进了营销理论和能力理论的发展。

Danneels 发现一种“顾客能力”，它能使企业更好地服务于特定的顾客。这种顾客能力就是企业的营销能力。营销能力有四个构成要素：（1）需求管理，即形成商品和服务的内容；（2）创建营销知识，即在整个企业内形成并传播有关顾客、市场、竞争对手、环境变化、渠道成员、联盟成员和网络社区的知识；（3）建立品牌，即创建并维护商品、服务和组织的品牌；（4）顾客关系管理，即企业建立与顾客之间的关系。Danneels（2002）结合 Webster（1992）和 Coviello 等（2002）关于消费者市场营销的研究文献，提出了三种类型的营销关系，并把动态营销能力维度与营销关系类型结合起来，提出了动态营销能力研究框架。Bruni 等（2009）从新产品开发和产品重构过程的角度提出了动态营销能力的构成维度。营销能力由三个要素构成，分别是管理信念、社会资本和人力资本。

4.2.1.2　基于客户价值的营销能力的构成维度

在基于客户价值的营销能力的基础上，本书所界定的营销能力分为三个维度：客户价值探索能力，客户价值创造能力，客户价值传递能力。如图 4-1 所示。

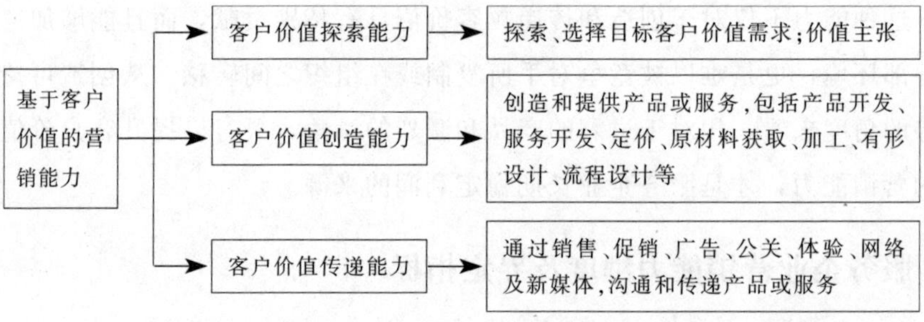

图 4-1　基于客户价值的营销能力的构成维度

基于客户价值的营销能力的各个维度并不是独立存在的，而是彼此关联、相互支撑的。也正是因为这种关联性，使得营销能力成为更加不易模仿的资源，是企业获取可持续竞争优势的最具潜力的来源。随着服务市场竞争的日益激烈和顾客价值选择的变迁，企业越来越认识到长期保留住顾客的重要性。然而，在企业的实际经营运作中，往往会将绝大部分注意力集中在企业内部其他职能上，而将顾客当成与企业无关的资源，从而忽视了企业的战略目标，即满足和留住顾客。这种对于顾客的漠视态度使得企业不能正确识别顾客需求的变化，无法开拓新的市场，也使得原有顾客的满意度下降，失去现有市场份额，结果就是企业在激烈的市场竞争中失利。因此，服务企业应该为顾客提供超越竞争对手的价值，使企业在激烈的市场竞争中获取可持续发展的竞争优势。

4.2.2　营销能力的界定指标

4.2.2.1　以往研究中对营销能力的界定指标

国内外对营销能力的研究多为定性研究，通常建立在调查问卷的基础上，通过问卷的反馈为营销能力的各项指标打分。一般使用的都是李克特 7 级量表，但是具体维度定义不尽相同。Vorhie 等通过深度访谈和问卷调查，认为企业通过探寻识别、评估差距，据此增强营销能力。他们通过实证研究，识别出 8 类营销能力，这 8 类营销能力指标最终综合决定了企业的顾客满意、市场效果和利润等整体经营绩效指标。

一些学者使用财务指标度量营销能力。林映光等（2006）认为营销能力包括产品市场竞争力、销售活动能力、新产品研究与开发能力及市场决策能力。有专业人员对企业进行评价，但操作复杂并且带有较强的主观色彩。王菲菲等（2010）认为市场营销能力本身具有模糊性，并且影响市场营销能力的因素很多，它们的结构不好划分，通常的做法是利用多项指标平均来计算市场营销能力，但是这些指标有些是定性的，所以在此基础上运用模糊评价对企业营销能力作出评价。马越峰和李建忠（2009）运用这一模糊评价方法对 5 种营销能力——营销战略、市场研究能力、营销策划、营销绩效、营销实施与保障进行了测定和评价。

从文献中可以看出，不论使用哪种方法来评价营销能力，营销能力的主要定性评价指标都是相似的，主要有市场驱动能力、关系评价能力、产品能力、供应链管理能力、营销文化、渠道管理能力、销售和促销能力、价格、营销沟通、营销计划和战略等，评价主要采用问卷调查的方式。

对以往文献中对营销能力使用的定量研究指标进行梳理，主要有以下几种指标：

1. 品牌

利用营销能力，企业可以整合企业拥有的有形或者无形资源，了解并满足顾客需求，进而可以采取差异化定位战略，区别于竞争对手，最终获得较高的产品品牌资产（Day，1994）。但是，企业的营销行为既可能给品牌资产带来正面的影响，如广告投资、提价和店面形象建设的积极影响，也可能带来负面影响，如受到频繁价格促销和打折行为的不良影响，而这两方面截然相反的影响会使品牌资产价值相互抵消（Yoo et al.，2000）。因此，以企业的品牌资产作为营销能力的表现具有一定局限性。

2. 销售额

企业中营销部门的基本职能就是在更好地了解顾客需求的基础上，通过营销活动，针对目标顾客，提升企业产品在其心目中的形象，从而获得销售额的增长。企业营销行为的作用主要体现在两个方面。从长期来看，企业的品牌建设类营销活动有助于改善企业的品牌形象，进而促进销售额的增长。这种品牌效应对于销售额增长的影响是滞后的，即当期的品牌形象提升往往要在下一期的销售额变化中才能反映出来。而在中短期内，打折促销行为直接导致产品销售额的变化，企业促销类营销活动对销售额的提升作用是立竿见影的。因此，企业营销能力用销售额来表达更为合适。对于中国企业而言，公司营销投入和销售额之间的关系，能够更准确地衡量企业的营销能力。同时，产品的销售量相比于产品品牌资产，也更容易测度。

3. 年度营销支出

利用企业的年度营销支出来测量营销能力，或使用营销支出的自然对数来衡量营销能力。

4.2.2.2 本书对服务企业营销能力的界定指标

企业营销功能的本质在于创造和传递顾客价值，这在以往的营销能力的研究中已经被提出来，并得以公认（Srivastava，1999）。本书将服务企业营销能力的内涵界定为基于客户价值的动态营销能力。将营销能力的维度划分为：客户价值探索能力、客户价值创造能力和客户价值传递能力三大核心能力。本书在全面考虑构成营销能力体系的不同因素的基础上梳理并查阅了相关的研究文献，选择了服务企业营销能力的界定指标及研究方法。

由于市场营销是一个整合的过程，营销能力也是一种动态的能力。企业通过使用资源来获得相关商业需求的市场（Vorhies et al.，2005），因此，我们使用投入-产出的框架来衡量营销能力。

企业营销的目标在于提升现有和未来客户的客户价值。在一定程度上，这一目标在通过更好地了解顾客需求和正确定位顾客群而增加的销售额中得到了体现。因而，我们将销售额视为营销活动的产出。这种方式在相关文献中也得到了认可。这一目标通过所有营销活动来实现，如贸易推广、市场交流和客户关系管理等。企业销售额增加是其开发客户资源的主要动机，并考虑了实现营销资源销售的成本。因此，使用 4 个指标作为营销资源的度量：营销支出、无形资源、客户关系支出和已有的客户群。第一，我们将营销支出视为公司所有营销活动支出的总额（Narsimhan et al.，2006）。可以用销售额、一般及行政支出来衡量，或是市场研究和销售工作的代理费用。物流公司借助这些支出来更好地激励其客户和销售团队。第二，我们通过无形资源来反映企业建立的客户关系和品牌价值。这可以通过财务报表中的无形货币价值来衡量。这是对企业品牌价值和其他知识产权的代理，如专利、可使公司获取价格溢价的商誉。像物流公司这样的竞争企业，在市场中进行品牌价值投资是非常重要的。第三，客户关系支出是对企业客户关系工作的代理（Dutta et al.，1999），还包括所有被公司用于建立和维护客户关系的索赔现金。物流公司利用这些投资，提供更好的贸易优惠，如较高的信用额度，建立长久客户关系。第四，我们将已有的客户群作为营销资源。企业借助交叉销售和向上销售，利用其现有的客户基础来改善其销售状况，这可以由销售收入增长来衡量（Vorhies et al.，2005）。营销的有效性是通过高于先前的销售来实现的。在任何类似物流的产业体系中，对现有客户基础的重复销售是非常重要的。

企业营销能力衡量着已有资源与其销售前沿的紧密性，因此，销售价值的实现与公司销售前沿越紧密，营销能力就越好。我们使用以输入为导向的规模报酬不变（CRS）的 DEA 模型（Cooper et al.，2006）来测量这类有效与效率低下的企业群间的转换效率。DEA 效率衡量了每个企业的营销能力。

我们将销售收入作为营销目标。企业能获取的资源包括顾客对公司产品的认知度和喜爱程度、已有客户基础，以及多年的营销活动支出，如用于构建贸易忠诚度的财产分配和贸易促销工作。同样，相关文献已表明了对客户关系投资的重要性。在高科技市场中，有两项额外的资源是非常重要的：企业领先的技术及其已有的客户基础。企业领先的创新技术水平将从两方面促进其营销能力。首先，促使企业源源不断地开发新产品。其次，使客户更易相信公司将保持其技术领先的地位。已有的客户基础对公司尤为重要，因为市场上的转换成本较高，网络外部性效应较强。

在整理和借鉴国外研究的基础上，本书认为服务企业的营销能力包括适应环境和竞争变化的内部的营销资源整合能力、外部的顾客管理能力等。因此，本书主要基于服务企业的特点，从销售费用、一般管理费用、应收账款、最大顾客所占比例对营销能力进行界定，并且通过 Stata 软件，利用随机前沿分析方法将其转变为一个综合指标值，表示样本企业的营销能力。其中，一般管理费用是指公司财务报表中的管理费用支出，是指公司在人员、行政、日常经营中产生的费用，作为衡量企业经营与运作成本的重要依据。企业在市场营销方面的支出费用就是营销费用，反映企业在营销方面的支出控制能力，费用支出结构是否科学，以及在营销方面投资的力度。销售费用与一般管理费用能够反映企业组织运行成本、市场交易成本。应收账款是企业与顾客之间完成销售行为后所产生的债权，是企业销售额的一种表现形式，能够反映企业的有效营销能力。最大顾客所占比例反映客户资源的价值，表示服务企业基础营销能力。本书中选取的这几个衡量变量能够尽可能全面地反映服务企业的能力，从而更好地体现服务企业的营销能力。

4.3 服务企业成长维度及界定指标

4.3.1 服务企业成长维度

根据企业成长的具体表现，企业成长包括企业规模的扩大、生产规模的扩大、企业资产的积累、销售额的增加、职员的增加、利润率的提高等，也包括企业素质的提高，体现为企业形象的改善、制度创新、技术创新、员工素质的提高和企业对环境适应能力的提高等。企业成长不仅表现为规模的扩大，更突出表现为结构的改善，这也是企业成长的核心。

对于企业成长，学者们从不同角度提出企业成长的模型。有学者提出基于企业业务活动方向和范围、企业资本运作、企业的市场空间范围及组建方式四个角度的企业成长框架，认为从这四个维度可以帮助企业实现成长到扩展的过程。无论是彭罗斯的企业内部资源决定论还是钱德勒的外部环境变化决定论，或者是熊彼特的创新决定论，都是从引发企业成长的原因入手来阐释企业成长的内涵的。如果说经济学视野中的企业成长更强调企业规模“量”上的变化，那么管理学视野中的企业成长则更强调企业“质”上的变化。

事实上，随着研究的深入，企业研究者更关注企业“质”和“量”的同步成长。“量”指的是资产增值、销售额和盈利上升、总资产增加等经营资源的扩展；“质”则是指企业的性质发生变化，比如经营范围变化、组织内部结构重组、管理创新等。事实上，为了更好地评价企业的成长性，学者们倾向于建立一个同时包含“量”与“质”两方面的综合指标体系。目前，虽然学者们在具体指标的设计上还有争议，但是，分别从制度层面和企业能力层面同时运用定量和定性指标的研究思路却得到了广泛认可。本书认为，科学地定义企业成长是从量和质两方面而言的，认为企业的成长不仅要实现量的成长，同时也要实现质的成长，两个方面同步成长才是科学合理的。企业是通过内部和外部两种方式成长起来的（毛蕴诗，2003）。内部成长依赖于资源的积累和利用，实现企业规模的增长，比如筹资建厂、成立新部门和经营场所；外部成长则是通过与其他企业兼并、收购其他企业实现规模增长。

本书所界定的服务企业成长维度如图 4-2 所示，将服务企业成长维度分为企业内部成长和企业外部成长。企业内部成长表现为规模增长和绩效增长；企业外部成长表现为通过兼并收购或者自我发展的方式实现一体化、多元化或国际化。

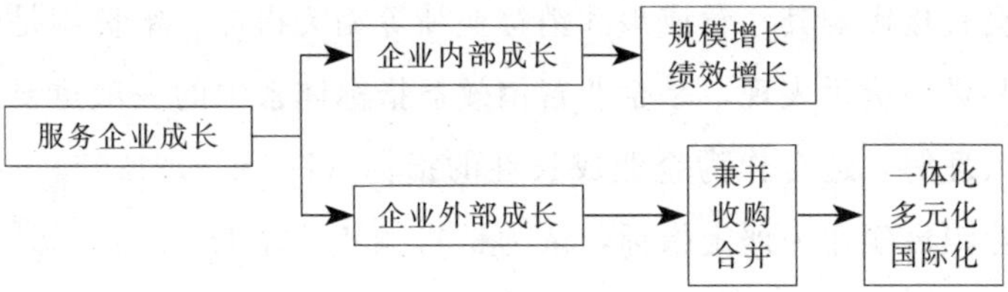

图 4-2　服务企业成长维度

4.3.2 企业成长的界定指标

4.3.2.1 当前研究的企业成长的界定指标回顾

企业成长意味着企业规模的扩大和组织能力、企业家能力的提升等。当前的时代是数字经济时代，随着经济环境的改变，关于企业融资、法律制度的调整与经济制度的设置，以及产业结构变迁与演化、转轨经济背景下的企业成长等，成为与企业密切相关的研究内容。企业成长受到多种因素的共同影响，是一个综合结果。

在企业成长的实证研究中，如何测度与量化企业成长是研究企业成长的基础性问题。综合现有的文献，国内外学者对于哪些因素影响企业成长没有统一的标准，对于哪些指标是成长的衡量标准也尚无定论。现有研究所用的指标可归纳为以下几方面。

1. 选择经营利润的增长率和经营收入来评价企业成长

华尔街的著名投资大师 Peter Lynch 认为，活力强、规模小、年增长在20%～25%之间的企业就是具有迅速发展潜力的企业。学术界主要的研究代表者有 Dunne 等（1994）、Merz 等（1995），其为了衡量企业的成长性，采用 5 个年度区间的企业销售额的绝对增长作为测度指标。另外，有学者选择净利润增长率和主营业务收入增长率来评估企业的成长性，主要是比较经营业绩下财务杠杆导致企业成长的差异性（吕长江 等，2006）。

2. 选择销售额或销售增长率作为企业成长指标

成长能力是反映一家公司目前以及未来盈利能力的重要指标，企业成长能力的强弱通常会直接影响其经营成果和销售业绩等相关指标。销售额是企业一定时期内销售产品量的货币表现，是企业营销效益指标体系中的一项重要指标。销售额更能够让人理解，适合作为企业成长性的指标（Delmar，1997）。弗兰霍尔茨等学者以企业销售额作为评定指标，认为销售额年均增长 15%～25%为高成长。销售增长率是指企业本年销售增长额与上年销售额之间的比率，反映销售的增减变动情况，是评价企业成长状况和发展能力的重要指标。销售增长率是衡量企业经营状况和市场占有能力、预测企业经营业务拓展趋势的重要指标，也是企业扩张增量资本和存量资本的重要前提。该指标越大，表明其增长速度越快，企业市场前景越好。销售增长率对企业生存发展的影响力比总资产增长率更明显，因为销售增长率决定着企业获取经营活动现金流量的能力，直接影响企业开拓市场和规模扩张。

3. 选择就业机会作为企业成长指标

根据资源决定论的观点，企业是资源的集合体，就业机会这一资源是企业成长的重要影响因素（Kogut et al.，1992）。分析企业成长时需要强调资源积累。用就业机会作为企业成长性评估指标，相对较为合理，因为职业创造往往能够迎合宏观导向。

4. 选择企业主营业绩收入的对数值来表征企业的成长性

使用企业主营业绩收入的对数值来代理企业的成长性，实证了企业成长性与资本结构和规模之间的关系，企业规模变化越大，企业成长性越大（程惠芳 等，2003）。王青燕和何有世（2005）通过更全面的方法，分析了影响中国上市公司成长性的各个因素，其对公司成长性的衡量主要使用主营业务增长率、净利润增长率、主营业务利润增长率三个业绩指标。还有学者通过总资产市场价值与账面价值之比、主营业务收入增长率、净利润增长率等指标来表征企业成长性（姚秋，2006）。

5. 选择复杂指标体系来研究企业成长

不少学者考虑到企业成长的复杂性，对于其衡量也综合考虑了多个因素。毛定祥（2004）在关于企业成长性的研究中，意识到动态评价问题，因而给出了综合评价指标体系。吴世农等（1999）建立了上市公司成长性的预判模型，并采用负债率、资产周转率、销售毛利率、期间费用率和主营业务增长率来衡量企业成长。纪志明（2004）认为公司规模、财务杠杆、资产结构、股权比率等能够很好地表达企业成长性，企业的成长性表现出显著的行业效应。赵天翔 等（2003）采用层次分析法和专家调查法，综合建立了成长性的指标体系，并对不同指标赋予了相应的权重。还有学者建立了多元线性回归模型，以期找出各因素对公司成长性的影响。模型中因变量为总资产增长率，主要自变量是长期负债比率、实际控制权属、净资产收益率、主营业务鲜明率、行业变量、平均总资产对数、地域变量等。实证结果证明对中小公司板上市公司的成长性有显著影响的是长期负债比率、净资产收益率。衡量公司成长业绩常用的有 OIP（营业收入增长率）、ROA（总资产收益率）、ROE（净资产收益率）、OPR（营业利润率）和托宾 Q（王怡，2007）。李定珍等（2007）根据各指标对企业成长的影响，创新性地对营运能力、盈利能力、偿债能力及成长能力四个维度所涉及的指标进行了排序，共计 13 个财务指标。符林等（2008）选择第二产业上市公司的成长性作为研究对象，衡量指标包括 5 项，分别是资产增长率、收入增长率、现金实力、净利润增长率、偿债能力。冒乔玲等（2009）基于企业成长的视角，构建了企业成长性评价指标体系，主要包括盈利资产使用效率、企业发展和财务安全指标。

6. 选择托宾 Q 值衡量企业成长

由于托宾 Q 值可获取性较强，在现实应用中具有很大的优势，能够满足现实经济研究的需要，而且相对客观、容易测量，成为不少研究中常用的衡量企业成长的指标。孙烨（2006）以托宾 Q 值大小对我国上市公司成长类型进行了划分，分为高成长公司和低成长公司两类。曾江洪（2007）从股权治理、董事会治理、债权结构和管理层激励四维度讨论企业成长性之间的关系。值得说明的是，由于财务报表反映的是过去某个时点的业绩情况，因而单纯使用会计指标衡量公司成长存在观测偏误，因为成长是变化的，动态的（Benston，1985）。但是，股票市场对公司价值的真实反映适于采用托宾 Q 值作为企业成长性的指标。

7. 选择市净率衡量企业成长

每股净收益的增长能够真实反映上市公司的持续增长（Guilford Babcock，1970）。纪志明（2005）以市净率作为企业成长性的代理变量。曾江红（2006）在研究上市公司的企业成长性时选择财务指标修正市净率作为代理变量。

8. 选择员工人数对数的变化衡量企业成长

Evans 关注公司员工人数，把企业成长定义为公司员工人数对数的函数，并提出以下计算公式：

成长＝（现有员工人数的对数－原有员工人数的对数）/公司年龄

9. 选择规模扩张和效率提升衡量企业成长

杨汝岱等（2011）以效率提升和企业规模扩张作为企业成长的代理变量，分析了中国企业的成长问题。

4.3.2.2　本书研究服务企业成长的界定指标

鉴于数据的可获取性，并考虑代理变量对于企业成长的解释力，本书选取营业收入增长率、总资产增长率、基本每股收益增长率、净利润增长率四个代理变量界定企业成长速度，而企业成长方式则选择企业是否进行兼并、重组或收购的方式进行扩张进行描述。

（1）营业收入增长率。企业本年营业收入总额与上年营业收入总额差值的比率就是营业收入增长率。企业生存的基础和发展的重要保障是营业收入的持续增长。营业收入增长率是衡量企业经营状况和市场占有能力、预测企业经营业务拓展趋势的重要标志。该值越大，表示企业业务增长速度越快，一般在 5%～10% 之间，说明企业发展进入一个稳定阶段。因此，该指标与企业内部成长成正相关关系。

（2）总资产增长率。企业本年总资产增长额与年初资产总额的比值就是总资产增长率，表现为企业本期资产规模的变动情况。企业资产是企业获取收入的一种资源，因而是企业发展的重要方面。该值越大，则表示企业在该阶段内的资产经营规模扩张的速度越快。

（3）基本每股收益增长率。每股收益增长率是判断个股成长的重要指标之一，反映了每一份公司股权可以分得的利润的增长程度。可用于上市公司与整个市场的比较，便于同一行业的横向比较，也可以用于企业自身不同年度的每股收益增长率的纵向比较。该指标能够衡量公司的未来成长潜力，能够给予利益相关者一个增长预期。该值越大，表示企业内部成长潜力越大。

（4）净利润增长率。企业利润总额减所得税后的余额就是净利润，也就是企业在一个会计年度实现的可供股东分配的财富。该指标主要反映了一个企业的经营绩效与最终成果。因此，净利润越多，企业的经营效益就越好。也就是说，净利润增长率越大，企业的内部成长潜力越大。

（5）服务企业外部成长方式。本书是以企业是依靠自身专业化发展还是通过兼并、重组或收购来实现一体化、多元化或国际化衡量企业的外部成长方式。在企业竞争中，部分企业因为某些原因无法继续正常运行，考虑到员工等各方面的利益，可能会接受同行业企业的兼并与收购，具体就是股权转让或出资，按照一定的程序进行的企业兼并和重组，从而实现企业的资源重新配置。一般来说，企业能够进行自我成长而不是兼并重组的，往往自身有更强的市场竞争力，能够实现自身业务与资源的价值增长，更能体现其较强的成长能力。

第5章 营销能力对服务企业成长的影响路径与作用机理

本章主要是对营销能力影响服务企业成长的路径与作用机理进行研究。通过营销能力与竞争优势的关系图、企业竞争优势形成路径图和营销能力对服务企业成长的影响路径模型图，分析得出以下结论：营销能力是企业竞争优势的重要来源，营销能力在赢得和维持竞争优势的过程中发挥核心作用，其他企业能力为客户提供的价值最终仍需通过营销能力传递出去；客户价值是企业获取持续竞争优势的途径，客户价值是企业获得优势的出发点，也是企业竞争优势的显示标；来源于客户价值探索、创造和传递的营销能力通过提升企业竞争优势影响企业成长。在影响路径研究的基础上，本章分两个层次分析基于客户价值的动态营销能力对企业成长的作用机理。第一个层次是对基于客户价值的动态营销能力进行分解，研究营销能力的每个构成维度对服务企业成长的影响。第二个层次是根据前人关于营销能力对企业成长速度、规模及成长方式影响的研究，对营销能力影响服务企业内外部成长的机理进行分析。

5.1 营销能力对服务企业成长的影响路径

5.1.1 营销能力与企业竞争优势的关系

5.1.1.1 营销能力是企业竞争优势的重要来源

企业成长资源基础观主要强调独特的资源禀赋是企业竞争优势的来源。营销能力作为服务企业内部特殊的、有价值的有形与无形资源的集合，必然成为企业获取市场竞争优势的重要基础，营销能力在赢得和维持竞争优势的过程中发挥着核心作用。作为竞争优势的核心竞争力，一般是在企业内部挖掘，虽然它不直接对企业绩效产生作用，但是它作用于其他企业能力，按照对企业核心竞争力的这种理解，企业持续营销能力与企业核心竞争力和持续竞争优势的关系如图 5-1 所示。

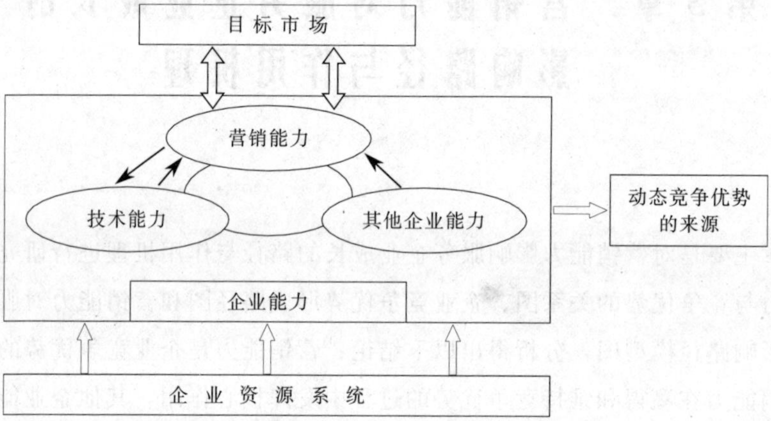

图 5-1 营销能力与竞争优势的关系图

企业核心竞争力位于企业能力系统中的核心位置，它为企业的各项能力提供持续性的能量源，而企业营销能力的持续性正是根源于核心竞争力的作用。依托于核心能力，营销能力对企业竞争优势的价值表现为：

(1) 可以帮助企业领先于竞争对手对市场趋势进行预测，准确地预见市场的反应，帮助企业吸引、留住或增加顾客，改善渠道关系或削弱竞争对手。

(2) 能够搜集和分配获得的市场信息，使企业各个部门互通信息，其他部门都能形成、修改和更新对市场的认识，如研发部门、生产部门等能及时地、持续地依据所获信息采取行动。

(3) 其他企业能力为顾客提供的价值最终需要通过持续营销能力传递出去。

从整体上看，企业通过能力系统培育、发展、整合和配置企业的资源，在反复循环地为目标市场顾客传递价值的过程中，逐渐形成了企业的持续竞争优势。

5.1.1.2 服务企业持续竞争优势的形成路径

竞争优势是指企业在竞争领域与竞争对手相比具有更强的竞争能力。企业如何取得竞争优势不仅是企业界也是学术界关注的重点。

根据 Day 和 Wensley 的竞争优势评价三层次模型，竞争优势的评价可分为三个层次：第一层次是竞争优势的来源，包括优势技能（技术能力、管理系统和组织构架、学习能力、创新能力等）和优势资源（渠道资源优势、原材料供应和客户资源优势等）。第二层次是竞争优势的形成，企业的优势技能或优势资源可以带来较高客户价值或较低的相关成本，从而带来优势。第三层次是竞争优势的结果，它是由优势地位所带来的，优势结果包括两个方面，客户的满意度和忠诚度以及产品的市场份额和企业利润。如图 5-2 所示。

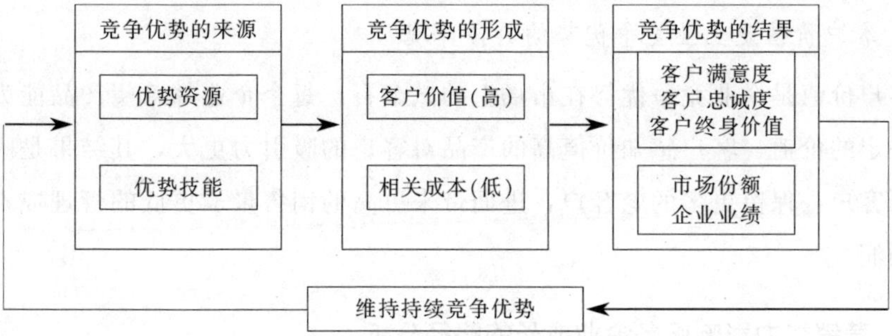

图 5-2　企业竞争优势的形成路径

对于一个服务企业而言，竞争优势的结果表现为企业的长期经营业绩和短期经营业绩。其中，客户满意度和忠诚度可以用来测量企业的长期经营业绩，这是由于满意和忠诚的客户将重复购买企业的产品，增加购买企业的产品，以及对企业的品牌进行正面的宣传，并可能接受较高的产品价格，这无疑将给企业带来持续盈利。短期的经营业绩一般采用当前的市场份额和利润进行度量。通常，企业长期的经营业绩更能够直接显性地反映竞争优势的结果，企业的竞争优势归根结底产生于企业所能为客户创造的价值。由于市场竞争越来越激烈，企业仅仅进行产品质量的提升、产品创新和企业内部资源的调整已经不足以获得竞争优势，产生较高的客户价值才是获得竞争优势的关键。客户价值是企业竞争优势的来源，表现为客户更愿意购买和重复购买他们感知成本较低、利益较高的产品，企业只有生产比竞争对手的客户价值更高的产品才有可能获取竞争优势。可以从以下两个方面理解客户价值是企业竞争优势的来源：

1. 客户价值是企业获得竞争优势的前提

要获取竞争优势，企业必须优化配置其资源和技能，为客户提供高价值的产品和服务。那么，企业在进行产品开发时就必须了解客户在购买、挑选和使用产品时注重哪些因素，以及这些因素在购买决策时的重要性如何。同时，企业还要了解竞争对手在这些重要因素上的表现。只有掌握了这些信息，企业才能开发出具有较高客户价值、具备较强竞争力的产品。因为消费者的口味和偏好是不断变化的，对于那些成功的客户导向型的企业，客户价值的提升，已经变成了企业核心竞争力的一部分。

2. 客户价值是企业竞争优势的具体体现

客户价值是企业竞争优势在市场上的试金石，每个企业都希望产品能为客户带来一定的价值，客户感知价值高的产品对客户的吸引力更大，其结果是吸引更多的新客户，保留更多的老客户，进而带来更高的销售量、更低的管理成本和更高的利润。

5.1.2 营销能力影响服务企业成长的路径分析

基于本书对营销能力的内涵及维度的界定，基于客户价值的营销能力对服务企业成长的影响路径如图 5-3 所示。

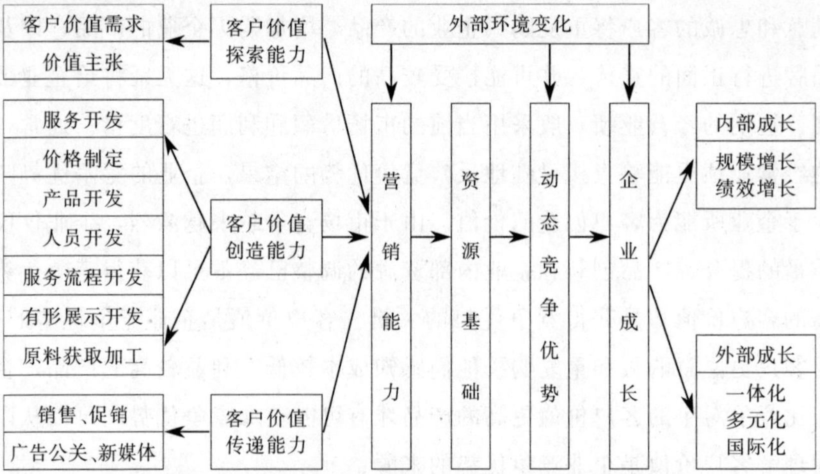

图 5-3　营销能力对服务企业成长的影响路径

（1）作为营销能力的三个维度，客户价值探索能力、客户价值创造能力及客户价值传递能力涵盖的企业营销职能包括客户价值需求的感知、客户价值建议的探索，服务、产品开发，服务流程、人员开发及价格制定，销售、促销、广告公关、新媒体等传播工具的整合。

（2）持续的竞争优势来源于企业对其能力和资产以对顾客有价值但难以为竞争对手所模仿的方式进行重新配置的能力，动态能力能够帮助公司识别机会，并通过资源重新分配，或通过调整现有能力，或开发新能力，来抓住这些机会。当环境比较稳定时，需要靠渐变动态能力来完善企业资源基础；当环境表现出很强的动态性时，需要靠更新动态能力来转变企业资源基础；当环境表现出高度的超动态性特征时，需要靠再生动态能力更新企业前两个层次的能力，实现企业资源基础的转变，从而达到顺应环境变化的要求。因此，动态能力产生竞争优势的内在逻辑是动态能力通过改变企业的资源基础从而创造出企业竞争优势，即“动态能力—资源基础—竞争优势”。

（3）动态竞争能力影响企业竞争优势。企业战略定位的最终目的是获得竞争优势，而竞争优势的根本来源是客户，只有当企业为客户提供更具价值的产品或服务，满足不断变化的客户需求与偏好时，企业才能获得竞争优势。有鉴于此，谋求建立客户价值优势，就应当是制定企业发展战略的核心，企业的一切战略都应当围绕着如何强化这种优势、提高企业的竞争力和持续发展的能力而展开。

（4）环境变化会对动态营销能力产生影响。随着全球经济进入数字经济时代，营销职能的重要性逐渐明显。新的高科技快速、爆炸式的发展导致产品的市场生命周期大大缩短，同时，大量新型企业的出现增加了市场竞争的激烈程度。对于新兴企业、中小企业，特别是服务企业，营销能力变得越来越重要。企业的发展有两条线，一条是研发创新，一条是市场创新。做好了营销，可以做大规模，提高产量，降低成本，促进企业发展；没有营销，即使有很好的产品，也不能很好地将客户价值转化为企业资产价值。

（5）企业动态竞争优势会影响企业的成长，包括内部成长和外部成长。客户价值是企业获取持续竞争优势的来源，通过获取卓越的客户价值，客户满意度得到提升，客户将保持一定的忠诚度，对企业的产品或服务进行购买、重复购买、扩大购买或交叉购买，同时也为企业传播良好的口碑，这将大大提升客户关系质量，从而增加企业的有形和无形收益，促使关系价值得到提升。

马歇尔曾经指出，营销能力的大小是制约企业成长和发展的动力因素。他认为，企业是否可以享受到外部经济效应，很大程度上取决于企业是否有强大的营销能力。同时他也提出，企业只有拥有强大的营销能力才能实现持续成长和发展，拥有优秀营销资源和能力的企业，也必然能把自己的产品或服务更有效地传递给客户并得到客户的认同，通过满足客户需求，进而推动企业规模生产和销售，形成成本竞争优势，并转化为企业的利润竞争优势，实现企业的成长。企业本身就是一个能力的集合，能力的大小决定了企业成长的规模和边界，也决定了企业成长战略的广度和深度（刘超 等，2008）。作为动态能力的重要组成部分，动态营销能力能够驱动企业战略过程，进而促进企业吸收整合客户资源，最终使企业在动态、复杂和不确定的环境下获得持续竞争优势，从而提升企业绩效，促进企业成长。

5.2 营销能力对服务企业成长的作用机理

企业成长属于微观经济学企业理论的研究范畴。广义的企业成长理论包括企业存在和企业发展两个层面，狭义的企业成长理论仅指企业发展，本书的研究界定为狭义的企业成长理论。本节分为两个层次分析基于客户价值的动态营销能力对企业成长的影响。第一个层次是对基于客户价值的动态营销能力进行分解，研究营销能力的每个构成维度对服务企业成长的影响。第二个层次是根据前人关于营销能力对企业成长速度、规模及成长方式影响的研究，对营销能力影响服务企业内外部成长的机理做出理论分析。

5.2.1 营销能力各维度对服务企业成长的影响

5.2.1.1 客户价值探索能力对服务企业成长的影响

谋求竞争优势是企业生存和发展过程中必然的选择。普拉哈拉德（Prahalad）和哈默（Gary Hamel）认为，新的竞争优势要看企业是否了解客户，是否掌握了客户的真正需求，是否能把所了解和掌握的信息转化成为特定的客户价值。客户价值探索能力对企业成长的影响机理如图 5-4 所示。

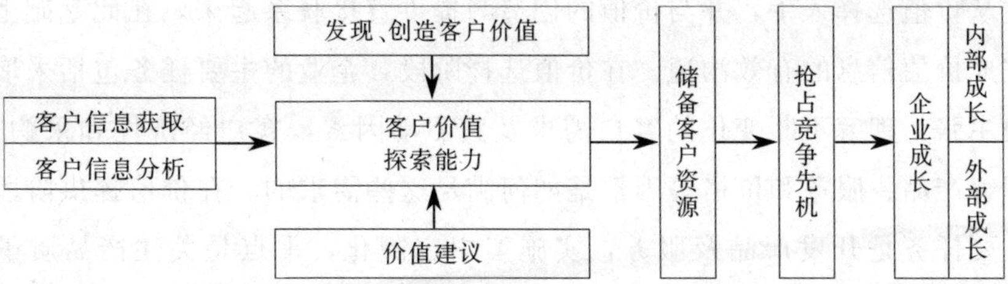

图 5-4　客户价值探索能力对企业成长的影响

客户价值探索过程包括客户价值挖掘和价值主张两部分。客户价值探索是实施客户价值驱动战略的前提，以客户认知价值为基础，发掘客户进行产品和服务购买决策时关注的关键价值要素，确定正确的价值主张，然后进一步将其转化为新产品和服务特性，使产品和服务能够更好地满足客户的需求。客户价值主张描述了企业传递给客户的产品、服务、价格、关系和形象等的独特的混合体。客户价值主张决定了企业的客户定位，以及针对目标客户，企业怎样做得比竞争对手更独特、更出色。企业在进行价值主张时往往考虑很多因素，这些因素构成了客户价值的维度。客户对各个因素的重视程度不同，因此各个价值因素对客户价值判断的影响也不同。企业要在搜集客户信息的基础上，探索、引导和创造需求，在竞争中抢占市场先机。

加强客户价值探索能力的基础是加强客户知识的管理。客户知识包括关于客户的知识、来自客户的知识和用于客户的知识。服务企业要为客户创造和提供卓越的客户价值就必须关注客户信息和知识，并对其实施精细化管理。在具体行动上表现为经常拜访客户，构建客户抱怨处理系统，观察客户与企业员工的交互方式，进而分析客户的心理特征和消费倾向，对客户满意度和忠诚度进行动态监控，等等。

5.2.1.2　客户价值创造能力对服务企业成长的影响

价值创造过程本质上就是管理客户关系价值链，解决企业给哪些客户提供卓越的价值，如何提供客户价值，企业从这些客户中能获取什么资产价值，如何获取等问题。

在买方市场，客户变得越来越挑剔，如果不能很好地给他们提供价值，满足他们多变的需求，他们就会大量流失。为了保证价值创造和传递系统的有效性，应当先从价值选择入手，并与价值的创造与提供直接联系起来，在此基础上，才能够完成价值信息的有效沟通。在价值选择阶段，企业的主要任务包括采取正确的价值主张，理解不断变化的客户需求及其驱动因素，客户经济性和采购过程，深入理解产品、服务和价格等因素是如何满足这些需求的。在价值提供阶段，企业的主要任务是开发产品及服务，实施客户定制化，重点是关注产品质量与绩效、服务成本和反应性、制造成本与柔性、渠道成本与一致性以及价格结构等。

企业还需要把握客户价值创造能力，将其满足客户价值需求的能力进行比较，识别出能力差距和相应的支持要素，采取措施缩小这些差距，满足需求，保留客户，加强价值共创。如图 5-5 所示。

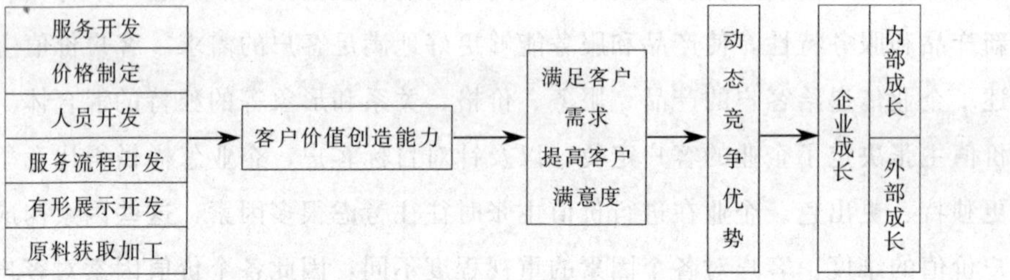

图 5-5　客户价值创造能力对企业成长的影响

客户价值创造能力推动企业成长的机理在于客户价值创造能通过满足客户需求，提高客户满意度，帮助企业实践差别优势竞争，获得动态竞争优势。企业应该超出质量、成本和服务的范畴，成为客户价值的提供者和支持者。企业创造出能够为客户看到的、与其他竞争对手有所不同的产品或服务，是制造差别优势战略的核心。其差别的基础是：从客户的观点出发，使产品或服务占据这种额外的、有区别的价值。事实上，能够创造出为客户所看到的、与那些竞争者有所不同的产品或服务的企业已经有效地确立了自己的垄断地位。客户有能力而且愿意支付额外费用，这种额外费用转化成了更高的利润，融入企业的资金收入中，影响企业内部业绩成长。

5.2.1.3　客户价值传递能力对服务企业成长的影响

客户价值转递过程实质上是对企业与客户交互渠道的管理过程，主要包括多种渠道的整合过程和与客户的互动过程。对交互渠道的有效管理已成为企业获取持续竞争优势的有效方法。客户价值传递能力对企业成长的影响机理主要包括以下两个方面：

1. 通过优势传播工具的选择，提高客户忠诚度，获得持续竞争优势

客户价值创造已经引起众多学者的高度重视。彼得·德鲁克认为，企业唯一的利润中心不在企业内部，而在企业外部。一方面，企业的各种管理、操作在内部；另一方面，真正的利润、中心却是客户，企业通过整合各种价值传播工具，帮助建立与客户长期良好的战略合作关系，增加客户忠诚度，获得客户的终生价值，保证持续竞争优势，从而影响企业内外部的成长。

2. 通过降低成本影响经营业绩，促进企业内部成长

一直以来，传统的价值传递工具如销售人员、经销商、代理商等物理渠道的成本居高不下，信息技术的发展和电子商务的应用，使得企业与客户建立成本更低的虚拟渠道成为可能。交互渠道大致可以分为六类：(1) 人员销售；(2) 销售网络；(3) 电话销售，包括传统的电话、传真、电报和呼叫中心等；(4) 直销，包括信件、收音机和电视等；(5) 电子商务，包括 E-mail、网站、交互数字电话、虚拟社区等；(6) 移动商务，包括移动电话、短信服务、无线应用协议和 3G 移动服务等。

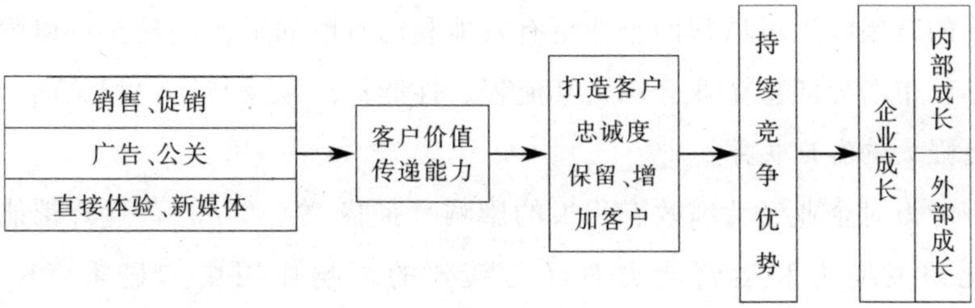

图 5-6　客户价值传递能力对企业成长的影响

总之，基于客户价值的营销能力，通过对各个层面的客户价值的深入理解和对竞争者的分析，企业需要设计和配置出自己独特的客户价值创造和传递系统，以求为客户提供最大化的客户价值，使客户建立长期的客户承诺。而客户一旦对企业形成了关系承诺，就愿意与之保持长期合作，并愿意付出努力来维持它，使客户关系得到良好发展。企业应有效地分配企业资源和能力，把客户价值转化为企业视角的客户资产价值，使客户资产价值达到最大化，推动企业成长。

5.2.2 营销能力对服务企业内外部成长的影响机理

5.2.2.1 营销能力对服务企业内部成长的影响

国内外研究者就服务企业营销能力与内部经营绩效的关系进行了大量实证研究，证实营销能力与企业经营绩效存在正相关关系。营销能力通过影响企业内部长、短期经营业绩影响企业内部成长的速度、效率和潜力。如图 5-7 所示。

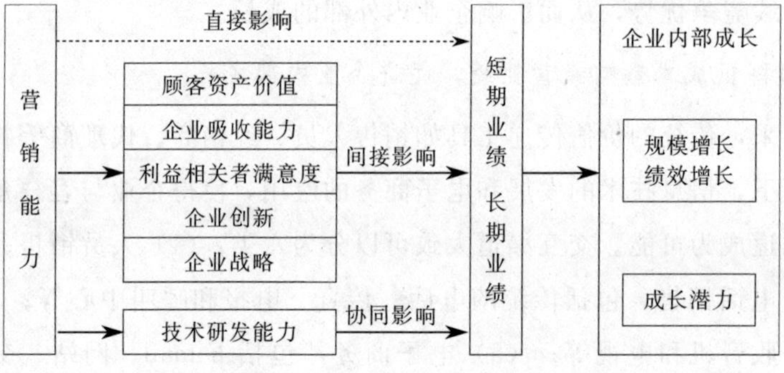

图 5-7 营销能力对服务企业内部成长的影响机理

1. 营销能力通过直接影响企业销售量和经营绩效影响企业成长

较强的营销能力可以帮助企业更有效地利用有限的资源，甚至可以强化与顾客的合作。市场导向型企业会调整其流程、性能标准以及与客户相关的活动，旨在建立更强大的客户关系。

营销能力对企业经营绩效有积极的影响（张骁 等，2009），且营销能力的影响作用比研发能力和运营能力对经营绩效的影响作用更加显著（Krasnikov et al.,2008）。营销能力对企业的市场绩效（营销效能、市场份额增长、销售量增长和新产品成功数量）和财务绩效（利润水平）具有显著的影响作用，其中促销能力和市场研究能力对经营绩效的影响作用最为明显（Vorhies，1998）。营销能力（包括形象差异化、促销、外部市场知识和顾客服务）对零售企业绩效有显著的正向影响作用（Moore et al.，2003）。营销能力有助于企业销售量的提升（Akdeniz et al.，2010）。

2. 营销能力通过间接影响经营绩效影响企业成长

（1）营销能力通过顾客价值间接影响企业绩效。韩顺平等（2006）研究发现，营销能力不仅直接驱动企业绩效，而且还通过顾客资产价值间接地对企业绩效产生重要影响。

（2）营销能力通过影响企业吸收能力影响经营绩效。营销能力有助于提升高科技企业的吸收能力，从而积极地影响企业的经营绩效（Narasimhan et al.，2006）。

（3）营销能力通过影响利益相关者满意度影响企业绩效。Cruz-Ros 等（2009）通过对 152 家西班牙服务企业（财务服务、保险、酒店、餐馆、交通运输和医院）的研究发现，营销能力强的企业拥有更高水平的利益相关者满意度，而利益相关者满意有助于提升企业的财务绩效。

（4）营销能力通过影响企业创新，影响企业成长。第一，企业在实践营销职能的过程中，顾客价值的探索能力可以帮助企业获取有关顾客、竞争者和市场趋势的重要信息。第二，营销的主要作用在于帮助企业及其员工将注意力聚焦于客户资产价值最大化以及从现有的和新的顾客中产生收益源，更好的价值创造能力与价值传递能力可以帮助企业创造更多的客户价值，更好地将客户价值转化为企业的客户资产价值，这通常是企业创新行为的一个重要元素。第三，营销的主要角色之一就是倾听消费者的声音。营销根据各种潜在的成功的创新行为为企业提供重要的信息。由于企业会受到消费者和竞争行为的影响，当企业的营销能力较强时，能够更好地捕捉到新的市场机遇，促进企业成长。第四，营销能力越强意味着与客户接触越多，进而获得更多组织性的学习机会。当这类接触发生在外国客户上时，组织性的学习机会可能会更大。同时，当某个公司获取价值的能力较强时，它就更有可能投资于价值创造，这将导致创新。基于市场知识的营销能力所产生的效益有助于提升创新绩效，企业往往基于各自的市场知识来经营，这类市场知识的传播对企业发现新市场机遇和更普遍的创新绩效有着特殊的影响。营销能力体现着对价值的获取能力，从创新中获取价值的能力越强，企业越应该在创新中投资扎根。正如先前的研究所述，在企业发展期间，应该考虑价值创造和价值分配间的权衡。组织在价值创造和价值分配上的协同演进能力能够维持企业的竞争优势（Pitelis，2009）。研究表明，营销能力是新兴市场的企业成功进入全球市场的一个不可或缺的部分（Tsai et al.，2010）。国内外研究者通过大量的实证研究证实了营销能力对企业创新有积极的影响作用。组织行为层面的研究指出，营销能力对企业的创新欲望、创新预期和创新绩效有积极的影响，营销能力对企业领导者的创新心理倾向和创新行为倾向产生正向影响。

（5）营销能力通过影响企业竞争战略影响企业成长。国内外研究者就营销能力对企业竞争战略的影响作用进行了深入的研究和探讨。Hooley 等（1998）在市场定位方面，基于资源基础观识别出六类企业竞争性市场定位：价格定位、质量定位、创新定位、服务定位、利益定位和定制化定位。分析了营销能力与六类竞争性定位的关系，指出通过发展差异化营销能力去实现企业的不同市场定位。在企业的一般市场战略（低成本与差异化）方面，由于低成本战略更多地与企业运营能力相联系，营销能力越强的企业越倾向于选择差异化（品牌化）战略。

3. 营销能力与技术研发能力协同影响经营业绩

技术能力与营销能力有协同效应，在公司发展过程中，技术和营销的协同可以激发企业的活力和持续竞争力。全球经验曲线优势表明，跨国公司通过改进技术和营销能力以应对快速变化的全球市场，培养优势。技术和营销能力之间的协同效应表明，跨国公司要在提高技术和市场营销能力的同时，提高市场份额到一个想要的水平（Tung-lung Chang，1996）。技术能力与市场能力能协同影响绩效（苏中锋等，2013）。

以上分析发现，营销能力对企业内部成长有直接影响、间接影响和协同影响。营销能力可以直接影响长期或短期经营绩效、销售量的财务绩效，从而影响企业内部成长；营销能力还可以通过影响顾客价值、研发能力、企业吸收能力、利益相关者满意度、竞争战略及企业创新等间接影响企业内部成长；营销能力还可以与研发能力、技术能力协同影响企业内部成长。

5.2.2.2 营销能力对企业外部成长方式的影响

企业营销能力对企业外部成长的影响机理如图 5-8 所示。

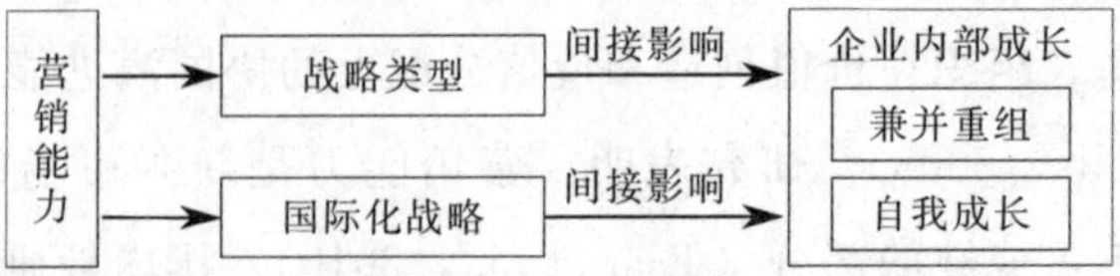

图 5-8 营销能力对企业外部成长的影响机理

1. 营销能力通过影响战略类型影响企业成长

企业的战略类型反映企业选择参与市场竞争的方式和路径。企业选择战略类型的重要依据之一就是企业资源和能力，而客户资源及营销能力是企业资源和能力的关键组成部分，因此，企业营销能力必然会影响企业战略类型的选择。

在企业营销能力中，客户价值创造能力及客户价值传递能力，包括产业趋势知识、营销规划流程、营销部门资源配置、新服务开发、广告有效性和营销活动的控制与评估等，直接影响企业的战略类型选择。例如，会影响企业战略反应的风格，是探索者、分析者，还是防御者、反应者。

后来，在 Miles 等的战略类型学基础上，Conant 等将企业的战略类型划分为不确定型、颠覆型、保守型、专家型和销售型五类，营销能力的 25 项指标都与零售企业的战略类型选择显著相关，而销售型、专家型和保守型的零售企业绩效水平排列前三位（Conant et al.，1993；Miles et al.，1978）。后来，有研究者从企业的国别考虑，来考察不同国家的企业在营销能力和战略类型，以及营销能力对战略类型选择影响机制上的差异。在企业的并购战略方面，企业的营销能力越强，越倾向于实施积极的品牌并购战略，并且对并购的目标品牌赋予更高的财务价值（Bahadir et al.，2008）。

2. 营销能力直接影响企业的国际经营战略

营销能力直接影响企业的国际经营战略。企业的国际市场经营战略涉及企业对参与国际市场竞争在时机、地点、进入方式和竞争策略等方面的选择。营销能力对企业国际化时机选择有直接影响，具有较高水平营销能力的企业凭借自身在经验曲线、品牌形象、营销技能等方面的营销资产优势，以及在营销资源（广告、促销、人员等）方面的优势投入，更早地开展国际经营活动，从而成为国际市场的先驱（Tung-lung，1996）。在国际市场进入方式方面，相较于上游能力（技术能力），下游能力（营销能力）对企业的国际市场进入模式有更大的影响。营销能力越强的企业越倾向于选择并购方式，而非投资方式进入国际市场（Anand et al.，2002）。企业国际营销能力对企业的国际市场进入战略选择具有影响作用（Blesa et al.，2008）。

从以上分析发现，营销能力间接影响企业外部成长方式。营销能力可以通过影响企业能力支撑的企业战略选择间接影响企业成长方式。

5.2.2.3 影响营销能力对服务企业成长影响程度的因素

1. 政企关联等政治环境

政企关系是一种有利的信用资产，政企关联能够通过政府资源的利用在一定程度上调节营销能力对企业成长的影响。在大市场营销的时代，政企关系对企业成长产生的影响越来越大。

2. 竞争对手的定位和创新取向

市场动荡，竞争强度和分散决策在决定管理战略重点时发挥关键作用。此外，竞争对手定位和创新取向对营销能力的发展有重大影响。反过来，营销能力对公司绩效产生积极的影响。

3. 市场导向

市场导向可以影响与顾客相关的绩效创造。营销能力显著地影响企业经营绩效，特别是当营销能力与市场导向交互作用时，营销能力对主观绩效的影响减弱，而对客观绩效的影响显著增强。具有国际化战略的公司拥有优秀的海外市场竞争优势，当公司试图打入海外市场，积极寻求和把握海外市场的机会时，他们更有可能避免路径依赖。

4. 技术环境的动荡性

营销能力不仅直接驱动企业绩效，而且还通过顾客价值间接地对企业绩效产生重要影响。技术环境的动荡性对“能力-绩效”关系有消极的调节作用，即环境的技术动荡性越大，市场营销能力对企业绩效的驱动作用越小。营销能力在市场动荡性较低的环境下与经营绩效成正相关关系。营销能力对企业创新一定会产生影响，但无法断定为正向影响还是负向影响，需视企业所处的环境而定。当企业处于低环境动荡性背景下时，营销能力对企业创新起正向影响作用；当企业处于高环境动荡性环境下，创新方式的中介效应大于创新资源的中介效应与营销战术能力的直接效应之和时，营销能力对创新起负向影响作用；当创新方式的中介效应小于创新资源的中介效应与营销战术能力的直接效应之和时，营销能力仍对创新起正向影响作用。

5. 内部营销能力

企业的内外部营销能力具有同等重要的作用，外部营销能力与经营绩效直接相关，内部营销能力通过提升员工满意度对企业绩效和顾客满意水平产生显著影响。企业的营销能力越强，其经营绩效越好，企业效能对营销能力与经营绩效的影响关系有调节作用。

第 6 章　营销能力与服务企业成长实证分析

本章首先介绍了实证研究的研究模型和研究假说、数据来源、变量选择，确定因变量为企业成长，自变量为营销能力，控制变量为政府补贴、最大股东持股比例、存货周转率、企业年龄、是否有研发投入和企业规模，调节变量为政企关联。根据 2010 年到 2020 年我国服务业上市公司数据，对主要变量进行了描述统计分析，营销能力对营业收入增长率的影响分析，营销能力对总资产增长率的影响分析，营销能力对净利润增长率的影响分析，营销能力对基本每股收益增长率的影响分析，营销能力对企业成长方式的影响分析，政企关联对营销能力与企业成长关系的调节作用的分析。同时，为了确保实证结果的严谨性，采取了稳健性检验。

6.1　研究模型与研究假说

6.1.1　营销能力与服务企业内部成长

本章主要实证检验营销能力对服务企业成长的影响。营销能力是企业竞争优势的重要来源，能够直接作用于企业经营绩效，并且对于创新投入有间接的积极作用，最终使企业在动态、复杂和不确定环境下获得持续竞争优势，从而提升企业绩效，促进企业成长。关于服务企业的成长速度，能够直接观测与量化的测度指标就是绩效数据，主要包括营业收入增长率、总资产增长率、基本每股收益增长率、净利润增长率四个代理变量。因此，提出假说 1：

H_1：在其他变量不变的情况下，企业营销能力越强，企业内部成长速度越快。

6.1.2　营销能力与服务企业外部成长

企业就是能力的整合，能力的大小决定了企业成长的规模和边界，也决定了企业成长战略的广度和深度。企业内部能力和外部环境的协调与彼此适应造就了企业的成长，企业成长可以表现为多元化发展、分工与专业化发展、跨国公司、集群化 4 种方式（文必正 等，2008）。关于企业成长方式的选择，已有的研究存在意见分歧，Anand 等（2002）认为营销能力强的企业更倾向于选择并购方式。皮建才等（2015）认为需要进行企业成长方式选择的比较分析，不同的情况下，进行兼并重组、并购或自我成长表现出不同的优势。服务企业的核心竞争力在于企业本身的人力资本、资源所产生的营销能力，与一般制造业依赖于创新技术不同，可能更倾向于基于自身而成长。就此提出假说 2：

H_2：企业营销能力对企业成长方式有影响。营销能力越强，企业越倾向于进行自我成长，而不选择以兼并重组、并购等途径扩张。

6.1.3　政企关联对于营销能力对服务企业成长的影响的调节作用

政企关系是一种有利的信用资产（肖侠，2011；孙楚仁 等，2014），政企关联能够通过政府资源的利用，在一定程度上调节营销能力对企业成长的影响。具有政企关联的民营企业能够获取更多的政府补贴，享受其他优惠政策（夏力等，2013），在大市场营销的时代，政企关系对企业成长产生的影响越来越大。政府在政策上的支持对于小微型科技企业的成长具有正向影响，其中，资金支持政策对小微型科技企业的成长影响作用最大，其次就是产业相关的支持政策。在企业的不同生命周期阶段，支持政策对企业成长所发挥出的作用也存在着差异（杨汉明 等，2016）。政府在政策上的支持对本土企业的成长起到了一定的促进作用，能力建设和企业成长之间呈现出复杂的关系，相较于企业自身的能力建设，政府在政策方面所提供的支持对于企业而言具有更为明显的促进作用（康志勇 等，2018）。政府补助受研发经费投入和技术人员投入两个方面的影响，政府补助通过技术创新投入影响企业成长，市场化进程和要素市场发育程度会影响政府补助对企业成长刺激的大小（戴浩 等，2018）。收益性政府补助对企业短期成长具有促进作用，对企业的长期成长无显著影响；资产性政府补助对企业长期成长具有促进作用，对企业的短期成长无显著影响。随着融资约束程度逐渐提高，收益性政府补助与资产性政府补助对企业成长的促进作用逐渐减弱，融资约束对企业成长的抑制作用明显增强（霍江林，2020）。我国上市公司的长期绩效受到政治关联的影响，表现为三大效应，分别是政府偏袒效应、社会负担效应和产权保护效应。对于民营企业的绩效有显著的正向影响，因为有利于其产权保护，而对于国有控股企业影响不显著。政企关联会使得企业获得政府偏袒，可能获取部分资源，具有比较优势，有助于增强其营销能力（田利辉 等，2013）。因此，提出假说 3：

H_3：政企关联在营销能力对服务企业成长的影响中具有调节作用。对于非政企关联企业而言，在企业成长中营销能力发挥的作用更大，并且调节作用主要发生于非国有企业中。

6.1.4 营销能力对服务企业成长影响的研究模型

根据以上的理论及文献综述，结合相关维度的界定与测度，营销能力对服务企业成长影响的研究模型如图 6-1 所示。

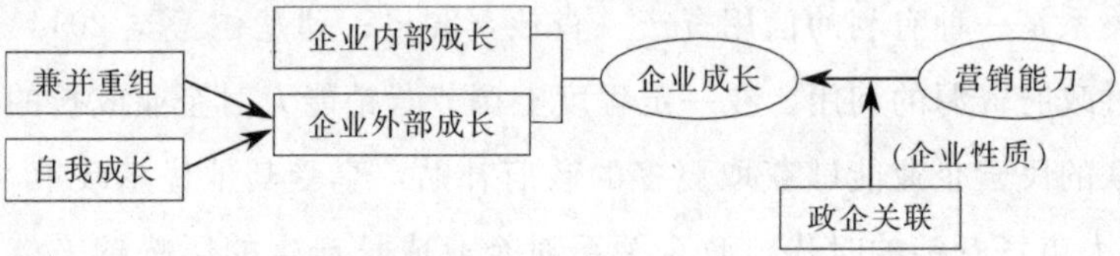

图 6–1 营销能力对服务企业成长影响的研究模型

6.2 数据来源与样本描述

6.2.1 数据来源

本书的目的在于分析营销能力与企业成长之间的关系，数据主要来源于两个方面：

(1) 以万德数据库沪深 A 股上市的服务企业财报数据为数据来源，利用

Choice 金融终端下载公司年报。在具体的数据筛选中，按照所属证监会行业将服务业上市企业划分为：批发和零售业；交通运输、仓储和邮政业；住宿和餐饮业；信息传输、软件和信息技术服务业；金融业；房地产业；租赁和商务服务业；科学研究和技术服务业；水利、环境和公共设施管理业；居民服务、修理和其他服务业；教育；卫生和社会工作；文化、体育和娱乐业 13 个行业门类。此外，为了保证对企业动态营销能力与企业成长测度的科学性，本书选取的数据范围是 2010—2020 年共计 11 年的企业财报数据，结合数据的完整性，最终确定的有效样本是 2010 年 1 月 1 日前上市的 246 家上市服务企业。

（2）研究所需的非企业财报数据，如兼并或收购行为，政企关系，政府补贴等数据，主要是在企业年报、企业网站或近期动态，及企业发布的新闻信息中搜集并进行整理。

6.2.2　样本描述

246 个上市服务企业的行业分布、研发投入等概况如表 6-1 所示。

表 6-1　246 家上市服务企业概况描述

<table>
<tr><th colspan="2">类型</th><th>比重/%</th><th colspan="2">类型</th><th>比重/%</th></tr>
<tr><td rowspan="14">行业分布</td><td>批发和零售业</td><td>28.86</td><td rowspan="4">研发投入</td><td rowspan="2">无研发投入</td><td rowspan="2">28.46</td></tr>
<tr><td>交通运输、仓储和邮政业</td><td>6.50</td></tr>
<tr><td>住宿和餐饮业</td><td>1.63</td><td rowspan="2">有研发投入</td><td rowspan="2">71.54</td></tr>
<tr><td>信息传输、软件和信息技术服务业</td><td>16.67</td></tr>
<tr><td>金融业</td><td>2.03</td><td rowspan="4">兼并或收购行为</td><td rowspan="2">发生过的年度数≤6</td><td rowspan="2">56.50</td></tr>
<tr><td>房地产业</td><td>24.80</td></tr>
<tr><td>租赁和商务服务业</td><td>6.50</td><td rowspan="2">发生过的年度数>6</td><td rowspan="2">43.50</td></tr>
<tr><td>科学研究和技术服务业</td><td>2.03</td></tr>
<tr><td>水利、环境和公共设施管理业</td><td>4.47</td><td rowspan="4">政企关联</td><td rowspan="2">无关联</td><td rowspan="2">68.70</td></tr>
<tr><td>教育</td><td>0.41</td></tr>
<tr><td>卫生和社会工作</td><td>1.63</td><td rowspan="2">有关联</td><td rowspan="2">31.30</td></tr>
<tr><td>文化、体育和娱乐业</td><td>4.47</td></tr>
</table>

由表 6-1 可知，246 家上市服务企业中，批发和零售业，房地产业，信息传

输、软件和信息技术服务业相对比重较大，均超过15%，其他行业企业相对来说数量较少，所占比重均低于10%。在研发投入方面，进行研发投入的上市企业占比约为七成，比例较高，可能与近些年服务业也愈发重视服务创新的行业趋势有关。在兼并重组和收购行为中，以本书选取的11年数据作为参考，超过6年有兼并和收购行为的服务企业比重为43.50%，即近半数上市服务企业会采取兼并和收购的方式作为其重要的扩张手段。政企关联是通过"公司董事长是否人大代表或政协委员"进行衡量，在一定程度上反映了公司的社会资本，没有政企关联的上市企业占比大于有政治关联的企业。

6.3 变量设置与基本分析

6.3.1 变量设置

1. 因变量

本书的因变量是企业成长。本书的企业成长主要观察的是企业成长速度与企业成长方式两个维度。本书对企业财报数据进行整理，设置净利润增长率、总资产增长率、营业收入增长率、基本每股收益增长率四个代理变量刻画企业成长速度，选择企业是否以兼并重组、收购的方式进行扩张来表达企业成长方式。

2. 自变量

本书的研究目的在于分析营销能力对企业成长的影响，因而营销能力是主要自变量。本书的营销能力主要是从销售额、销售费用、一般管理费用、应收账款、无形资产等方面进行刻画。通过Stata随机前沿分析方法将其转变为一个综合指标值来表示样本企业的营销能力。

3. 控制变量

已有的研究结论以及实践表明，企业的成长受到多种因素的综合影响。除了营销能力之外，对企业成长产生影响的因素还有很多。为了更充分地分析营销能力对企业成长的影响，本书将政府补贴、最大股东持股比例、存货周转率、企业年龄、是否有研发投入以及企业规模作为控制变量。

(1) 政府补贴。政府补贴的多少对企业的生产率存在差异性影响，主要是对其创新绩效、研发投入产生影响（王一卉，2013；李玲 等，2013）。研究表明，政府补贴的作用存在一个拐点或临界值，也就是在一定的范围内，政府补贴对企业生产率水平有正向的积极影响，但是一旦超过某一临界值，则会抑制企业生产率水平的提高（邵敏 等，2012）。因此，政府补贴对企业成长是有影响的。

（2）最大股东持股比例。最大股东持股比例反映公司股权结构。最大股东持股比例与上市公司的绩效显著负相关（刘羽芬 等，2009）。最大股东持股比例对企业高管的持股比例有显著影响，进而影响其薪酬水平，并通过薪酬效应影响企业成长（方阳春 等，2007）。因而，适合将最大股东持股比例作为影响公司成长的控制变量。

（3）存货周转率。存货周转率是多数文献中用来衡量企业营销能力的一个指标，反映了企业的存货变现能力，这关系到企业在短期内的偿债能力以及持续性经营能力，也是上市公司绩效的主要评价指标之一（魏成龙 等，2012）。因而可作为企业成长的控制变量之一。

（4）企业年龄。企业年龄是指企业成立至观测年份的运营时间，反映企业的存续年限。已有的关于企业绩效、企业发展的实证分析中往往将企业年龄作为一个关键变量或控制变量进行分析，借鉴已有的做法，本书也在实证分析中将企业年龄作为一个控制变量。

（5）研发投入。研发投入一直被视为企业成长能力的重要影响因素，研发投入强度对企业成长有显著的正向影响。因而，本书将企业是否有研发投入作为控制变量。

（6）企业规模。企业规模不同，所产生的效益则不同，当企业成长到一定规模时，出现的规模经济效应能够降低企业的生产和交易成本，为企业的绩效成长带来一定好处，但企业规模经济效应达到一定阶段时，会出现规模经济效应递减的情况，这时将会降低企业的绩效，影响企业的成长。已有相关研究将企业规模作为控制变量（范黎波 等，2012；周亚虹 等，2015）。因此，本书将企业规模作为控制变量。

4. 调节变量

本书将政企关联设计为调节变量，因为政企关联在营销能力和企业成长的作用机制中产生影响。政企关系是指企业中主要股东中是否有政府关系，通过“公司董事长是否人大代表或政协委员”进行衡量。

6.3.2 变量的描述统计分析

主要变量定义如表 6-2 所示。部分变量需要根据企业年度财务报表进行计算，部分变量是财务报表直接数据以及软件统计数据。

表 6-2 主要变量定义

	变量名称	变量符号	变量定义
因变量	营业收入增长率	reve g2	(当年营业收入－上年营业收入)/上年营业收入
	总资产增长率	tasset g2	(年末资产总额－年初资产总额)/年初资产总额
	基本每股收益增长率	beps g2	(本期每股收益－上期每股收益)/上期每股收益
	净利润增长率	np g2	(本年净利润－上年净利润)/上年净利润
	是否兼并重组	regroup	1＝是;0＝否
自变量	营销能力	cmkt	销售额、销售费用、一般管理费用、应收账款、无形资产经 Stata 处理得到的一个综合指标值
控制变量	政府补贴	lnsubsidy	政府对企业的补贴金额(亿元)
	最大股东持股比例	sh1	最大股东持股比例(%)
	存货周转率	lnturnover	销货成本/平均存货余额
	企业年龄	age	观测年份－企业成立年份
	是否研发	rd	1＝是;0＝否
	企业规模	lnstaff	企业员工人数(人)
调节变量	政企关联	gov	1＝公司董事长是人大代表或政协委员;0＝不是

表 6-3 是对本书涉及的变量进行的描述统计分析，可以看出主要变量的整体分布情况。其中，企业成长的代理变量中，营业收入增长率均值为 0.130，增长率取值范围在－0.650～1.920 之间，可以看出不同公司之间的成长速度还是存在很大差异的。从总资产增长率、基本每股收益增长率、净利润增长率三个指标也能够看出这个特征。是否兼并重组的均值为 0.560，表明更多的企业通过兼并重组实现企业成长，而自主成长的较少。营销能力经计量软件综合处理获得的是0～1之间的取值，从其均值 0.990 可知，上市服务业公司的营销能力处于良好

水平。

表 6-3　主要变量的描述统计分析

	变量名称	变量符号	观测值数	均值	标准差	中位数	最小值	最大值
因变量	营业收入增长率	reve g2	2706	0.130	0.370	0.0800	−0.650	1.920
	总资产增长率	tasset g2	2706	0.130	0.240	0.0900	−0.380	1.280
	基本每股收益增长率	beps g2	2706	−0.250	3.110	0.0600	−20.40	7.800
	净利润增长率	np g2	2706	−0.150	3.080	0.0900	−20.70	9.390
	是否兼并重组	regroup	2705	0.560	0.500	1	0	1
自变量	营销能力	cmkt	2006	0.990	0.010	1	0.960	1
控制变量	政府补贴	lnsubsidy	2462	0.280	0.580	0.0900	0	4.100
	最大股东持股比例	sh1	2706	0.350	0.160	0.320	0.0900	0.740
	存货周转率	lnturnover	2704	18.61	60.71	4.270	0.0600	450.1
	企业年龄	age	2706	20.31	5.710	20	7	36
	是否研发	rd	2706	0.450	0.500	0	0	1
	企业规模	lnstaff	2703	5102	9307	2017	82	61201
调节变量	政企关联	gov	2706	0.180	0.390	0	0	1

6.3.3　变量相关性分析

表 6-4 是主要变量的相关系数表。从表中可以看出不同变量之间的相关关系，从其相关系数的正负、大小以及显著性可以得知变量之间的相关程度，能够作为实证分析的一个初步验证。

表 6-4 主要变量的相关系数表

	1. 营业收入增长率	2	3	4	5	6	7	8	9	10	11	12
2. 总资产增长率	0.366***	1										
	0											
3. 基本每股收益增长率	0.231***	0.197***	1									
	0	0										
4. 净利润增长率	0.265***	0.203***	0.903***	1								
	0	0	0									
5. 是否兼并重组	0.108***	0.134***	0.0170	0.040**	1							
	0	0	0.377	0.0374								
6. 营销能力	−0.0350	−0.052**	−0.051**	−0.051**	0.043*	1						
	0.115	0.0198	0.0227	0.0219	0.0558							
7. 政府补贴	0	0.0270	0.0120	0.0260	0.066***	0.121***	1					
	0.992	0.173	0.553	0.192	0.00100	0						
8. 最大股东持股比例	−0.00700	−0.00400	0.067***	0.054***	−0.040**	−0.0350	0.091***	1				
	0.711	0.836	0.000500	0.00520	0.0385	0.112	0					
9. 存货周转率	0.0270	0.0120	0.00200	0.00100	−0.040**	0.039*	0.051**	0.042**	1			
	0.167	0.536	0.916	0.939	0.0354	0.0797	0.0115	0.0288				
10. 企业年龄	−0.105***	−0.103***	−0.0230	−0.00900	0.038**	0.397***	−0.0120	−0.032*	0.00900	1		
	0	0	0.239	0.644	0.0467	0	0.552	0.0976	0.651			

续表

11. 是否研发	−0.0140	0.041**	−0.041**	−0.042**	0.060***	0.051**	0.111***	−0.151***	0.045**	0	1	
	0.455	0.0318	0.0327	0.0281	0.00170	0.0216	0	0	0.0186	0.988		
12. 企业规模	−0.00800	0.046**	0.0260	0.0310	0.092***	0.097***	0.370***	0.0270	0.0140	0.080***	0.091***	1
	0.661	0.0171	0.183	0.110	0	0	0	0.159	0.462	0	0	
13. 政企关联	0.056***	0.088***	0.0210	0.0250	0.053***	0.0170	0.067***	−0.0150	−0.034*	0.039**	0.050***	0.126***
	0.00370	0	0.285	0.195	0.00550	0.458	0.000900	0.426	0.0767	0.0400	0.00920	0

注：***，**，*分别表示在1%，5%和10%的水平上显著。

6.4 营销能力对企业成长速度的影响

6.4.1 实证模型选择与构建

基于前面章节关于营销能力对企业成长的演绎路径分析，本研究选取营业收入增长率、总资产增长率、基本每股收益增长率、净利润增长率四个变量衡量企业成长速度，并作为独立的被解释变量，分别进行实证分析。根据基本假设，营销能力对企业成长速度影响的基本方程如下：

$$Y_{it} = \beta_0 + \beta_1 X_{it} + \sum_{n=1} \beta_n D_{nit} + \mu_{it}, \ (t = 1, \cdots, 11) \tag{1}$$

式（1）分别识别了四组模型。模型 1 中，Y_{it} 表示第 i 家公司第 t 年的营业收入增长率；模型 2 中，Y_{it} 表示第 i 家公司第 t 年的总资产增长率；模型 3 中，Y_{it} 表示第 i 家公司第 t 年的基本每股收益增长率；模型 4 中，Y_{it} 表示第 i 家公司第 t 年的净利润增长率。另外，X_{it} 表示第 i 家公司第 t 年的营销能力，D_{nit} 分别表示政府补贴、最大股东持股比例、存货周转率、企业年龄、是否有研发投入等控制变量，β_0 为常数项，β_1、β_n 为待估系数，μ_{it} 为误差项。在此，假定不存在测量误差，而且 $\text{cov}(\mu, X) = 0$。

由于四个代理变量的取值是连续的，而且整个样本数据属于混合面板数据，因而适用于混合 OLS 模型。通过一般的混合 OLS 模型能够得到关于营销能力的 β_1 的一个无偏估计。但是如果不能满足控制变量关于解释变量的独立性的假设，混合 OLS 模型可能存在一定的偏差。因而采用固定效应 OLS 模型对营销能力与企业成长之间的关系进行分析，以供对比，通过逐步回归法进一步验证模型的稳健性。

6.4.2 实证结果与结果分析

1. 营销能力对营业收入增长率的影响

从表 6-5 可知：混合 OLS 实证结果表明营销能力对营业收入增长率具有负向影响；而固定效应 OLS 实证结果表明营销能力对营业收入增长率具有稳定的正向影响，也就是说，营销能力越强，企业营业收入增长率越大，越能够促进企业成长。

当采用混合 OLS 模型的时候，即不考虑企业的个体特征时，营销能力对营业收入增长率的影响为－1.223，并且在 10%的水平上显著。当采用固定效应模型的时候，即控制了时间效应和不随时间变化的企业个体效应时，营销能力对营业收入增长率的影响为 12.93，并且在 1%的水平上显著。

表 6-5　营销能力对营业收入增长率影响的基础分析结果

变量名	(1) 混合 OLS	(2) 固定效应
营销能力	－1.223*	12.93***
	(0.663)	(3.268)
常数项	1.314**	－12.42***
	(0.657)	(3.167)
观测值数量	2006	2006
R^2	0.001	0.058
企业数量		243

注：括号内为稳健标准误，***，**，*分别表示在 1%，5%和 10%的水平上显著。

为了进一步检验营销能力对营业收入增长率的影响，采用逐步回归的方法，不断加入可观察的控制变量，检查结果是否稳健，结果如表 6-6 所示。

表 6-6　营销能力对营业收入增长率的分步回归结果

变量名	(1) 固定效应	(2) 固定效应	(3) 固定效应	(4) 固定效应	(5) 固定效应	(6) 固定效应
营销能力	13.35***	13.33***	12.94***	12.97***	13.00***	14.31***
	(4.171)	(4.179)	(4.176)	(4.181)	(4.206)	(4.261)
政府补贴	0.0299	0.0292	0.0271	0.0267	0.0261	0.0213
	(0.0232)	(0.0231)	(0.0221)	(0.0221)	(0.0220)	(0.0217)
最大股东占比		0.0608	0.0491	0.0515	0.0556	0.0615
		(0.122)	(0.122)	(0.122)	(0.122)	(0.121)
存货周转率			0.000308	0.000309	0.000301	0.000282
			(0.000233)	(0.000233)	(0.000234)	(0.000231)

续表

变量名	(1) 固定效应	(2) 固定效应	(3) 固定效应	(4) 固定效应	(5) 固定效应	(6) 固定效应
企业年龄				0.0121	0.0118	0.00918
				(0.0124)	(0.0127)	(0.0128)
是否研发					0.0295	0.0260
					(0.0361)	(0.0354)
企业规模						4.66e−06***
						(1.50e−06)
常数项	−12.83***	−12.84***	−12.45***	−12.69***	−12.74***	−13.98***
	(4.040)	(4.050)	(4.046)	(4.063)	(4.088)	(4.145)
观测值数量	1901	1901	1900	1900	1900	1900
R^2	0.056	0.056	0.058	0.058	0.059	0.061
企业数量	237	237	237	237	237	237

注：括号内为稳健标准误，***，**，*分别表示在1%，5%和10%的水平上显著。

从表6-6中的固定效应模型分析结果可知，营销能力对企业营业收入增长率的影响显著为正，而且其影响系数分布在13.35～14.31的较窄范围内，说明营销能力对企业营业收入增长率的影响非常稳健，并不随着控制变量的加入而剧烈改变。营销能力越强的企业，营业收入增长率越高。这与前文的假说吻合，并且也与前文的机理分析具有一致性。

从表6-6中的控制变量估计结果可以看出，政府补贴、最大股东占比、存货周转率、企业年龄、是否有研发投入对企业营业收入增长率的影响均不显著。企业规模对企业营业收入增长率具有显著正向影响，说明企业规模越大，企业营业收入增长率越高。

2. 营销能力对总资产增长率的影响分析

从表6-7可知，当采用混合OLS模型的时候，即不考虑企业的个体特征时，营销能力对总资产增长率的影响为−1.234，并且在1%的水平上显著。当采用固定效应模型的时候，即控制了时间效应和不随时间变化的企业个体效应时，营销能力对总资产增长率的影响为4.059，不具有显著性。

表 6-7　营销能力对总资产增长率的基础分析结果

变量名	(1) 混合 OLS	(2) 固定效应
营销能力	−1.234***	4.059
	(0.382)	(2.583)
常数项	1.345***	−3.817
	(0.378)	(2.503)
观测值数量	2006	2006
R^2	0.003	0.068
企业数量		243

注：括号内为稳健标准误，***，**，* 分别表示在 1%，5% 和 10% 的水平上显著。

为了进一步检验营销能力对总资产增长率的影响，采用逐步回归的方法，不断加入可观察的控制变量，检查结果是否稳健，结果如表 6-8 所示。

表 6-8　营销能力对总资产增长率的分步回归结果

变量名	(1) 固定效应	(2) 固定效应	(3) 固定效应	(4) 固定效应	(5) 固定效应	(6) 固定效应
营销能力	2.963	2.936	3.104	3.139	3.178	4.652
	(3.321)	(3.357)	(3.386)	(3.387)	(3.330)	(3.359)
政府补贴	0.00251	0.00108	0.000722	0.000384	−0.000272	−0.00568
	(0.0114)	(0.0112)	(0.0110)	(0.0110)	(0.0108)	(0.0107)
最大股东占比		0.120	0.123	0.126	0.130	0.137
		(0.114)	(0.114)	(0.114)	(0.114)	(0.113)
存货周转率			−4.60e−05	−4.53e−05	−5.39e−05	−7.45e−05
			(0.000198)	(0.000198)	(0.000199)	(0.000192)
企业年龄				0.0127	0.0124	0.00950
				(0.0157)	(0.0157)	(0.0158)
是否研发					0.0321	0.0282
					(0.0223)	(0.0229)
企业规模						5.24e−06***
						(1.46e−06)

续表

变量名	(1) 固定效应	(2) 固定效应	(3) 固定效应	(4) 固定效应	(5) 固定效应	(6) 固定效应
常数项	−2.755	−2.771	−2.934	−3.186	−3.237	−4.632
	(3.217)	(3.256)	(3.285)	(3.295)	(3.240)	(3.268)
观测值数量	1901	1901	1900	1900	1900	1900
R^2	0.070	0.071	0.071	0.072	0.073	0.080
企业数量	237	237	237	237	237	237

注：括号内为稳健标准误，***，**，*分别表示在1%，5%和10%的水平上显著。

从表6-8中的固定效应模型分析结果可知，营销能力对企业总资产增长率的影响为正，但是不显著，而且其影响系数分布在2.963～4.652的较窄范围内，说明营销能力对企业总资产增长率的影响非常稳健，不随着控制变量的加入而剧烈改变，营销能力对总资产增长率并无显著影响。

从表6-8中的控制变量的估计结果可知，除企业规模对总资产增长率具有显著正向影响外，其他控制变量对企业总资产增长率均无显著影响。

3. 营销能力对净利润增长率的影响分析

从表6-9可知，当采用混合OLS模型的时候，即不考虑企业的个体特征时，营销能力对净利润增长率的影响为−16.61，并且在1%的水平上显著。当采用固定效应模型的时候，即控制了时间效应和不随时间变化的企业个体效应时，营销能力对净利润增长率的影响为49.71，并且在5%的水平上显著。

表6-9 营销能力对净利润增长率的基础分析结果

变量名	(1) 混合OLS	(2) 固定效应
营销能力	−16.61***	49.71**
	(5.592)	(22.69)
常数项	16.24***	−48.07**
	(5.518)	(22.00)
观测值数量	2，006	2，006
R^2	0.003	0.028
企业数量		243

注：括号内为稳健标准误，***，**，*分别表示在1%，5%和10%的水平上显著。

为了进一步检验营销能力对净利润增长率的影响，采用逐步回归的方法，不断加入可观察的控制变量，检查结果是否稳健，结果如表 6-10 所示。

表 6-10　营销能力对净利润增长率的分步回归结果

变量名	(1) 固定效应	(2) 固定效应	(3) 固定效应	(4) 固定效应	(5) 固定效应	(6) 固定效应
营销能力	61.55**	61.15**	60.72**	61.49**	61.82**	70.72**
	(28.80)	(28.74)	(29.01)	(28.97)	(29.48)	(31.15)
政府补贴	0.599***	0.579***	0.579***	0.571***	0.566***	0.533***
	(0.147)	(0.149)	(0.150)	(0.149)	(0.151)	(0.155)
最大股东占比		1.706	1.696	1.753	1.790	1.830
		(1.268)	(1.284)	(1.282)	(1.289)	(1.298)
存货周转率			0.000190	0.000205	0.000133	8.45e−06
			(0.00196)	(0.00196)	(0.00198)	(0.00197)
企业年龄				0.284**	0.281**	0.263**
				(0.134)	(0.133)	(0.132)
是否研发					0.271	0.247
					(0.292)	(0.290)
企业规模						3.17e−05**
						(1.57e−05)
常数项	−59.66**	−59.89**	−59.47**	−65.11**	−65.53**	−73.96**
	(27.91)	(27.75)	(28.02)	(28.26)	(28.73)	(30.28)
观测值数量	1901	1901	1900	1900	1900	1900
R^2	0.032	0.033	0.033	0.034	0.034	0.036
企业数量	237	237	237	237	237	237

注：括号内为稳健标准误，***，**，*分别表示在 1%，5%和 10%的水平上显著。

从表 6-10 中的固定效应模型分析结果可知，营销能力对企业净利润增长率的影响显著为正，而且其影响系数分布在 61.55～70.72 的较窄范围内，说明营销能力对企业净利润增长率的影响非常稳健，不随着控制变量的加入而剧烈改变。营销能力越强的企业，净利润增长率越高。较好的营销能力能够将管理成本控制在较低水平，进一步提升利润空间，使得净利润有机会增长。

从表6-10中的控制变量的估计结果可知，政府补贴、企业年龄和企业规模对净利润增长率有显著的正向影响，而最大股东占比、存货周转率、是否有研发投入对于净利润增长率没有显著影响。可能的原因是，作为服务业企业，员工规模较大，股权集中度相对较低，因而最大股东持股比例影响不显著。另外，服务业企业的存货较少，研发投入少，因此不能显著影响净利润的大小。

4. 营销能力对基本每股收益增长率的影响分析

从表6-11可知，当采用混合OLS模型的时候，即不考虑企业的个体特征时，营销能力对基本每股收益增长率的影响为－16.65，并且在1%的水平上显著。当采用固定效应模型的时候，即控制了时间效应和不随时间变化的企业个体效应时，营销能力对基本每股收益增长率的影响为53.89，并且在10%的水平上显著。

表6-11　营销能力对基本每股收益增长率的基础分析结果

变量名	(1) 混合OLS	(2) 固定效应
营销能力	－16.65***	53.89*
	(6.099)	(27.41)
常数项	16.19***	－52.25*
	(6.022)	(26.58)
观测值数量	2006	2006
R^2	0.003	0.023
企业数量		243

注：括号内为稳健标准误，***，**，*分别表示在1%，5%和10%的水平上显著。

为了进一步检验营销能力对基本每股收益增长率的影响，采用逐步回归的方法，不断加入可观察的控制变量，检查结果是否稳健，结果如表6-12所示。

表 6-12　营销能力对基本每股收益增长率的分步回归结果

变量名	(1) 固定效应	(2) 固定效应	(3) 固定效应	(4) 固定效应	(5) 固定效应	(6) 固定效应
营销能力	65.49*	65.10*	65.54*	64.89*	65.01*	73.97**
	(35.47)	(35.25)	(35.60)	(35.52)	(35.64)	(37.32)
政府补贴	0.524***	0.504***	0.503***	0.500***	0.498***	0.465***
	(0.131)	(0.135)	(0.136)	(0.137)	(0.137)	(0.143)
最大股东占比		1.652	1.638	1.665	1.678	1.719
		(1.219)	(1.234)	(1.234)	(1.236)	(1.246)
存货周转率			0.000255	0.000262	0.000236	0.000111
			(0.00194)	(0.00194)	(0.00195)	(0.00195)
企业年龄				0.131	0.130	0.112
				(0.241)	(0.239)	(0.237)
是否研发					0.0967	0.0726
					(0.307)	(0.309)
企业规模						3.19e−05
						(2.09e−05)
常数项	−63.62*	−63.83*	−63.29*	−65.89*	−66.04*	−74.52**
	(34.39)	(34.12)	(34.47)	(34.65)	(34.78)	(36.30)
观测值数量	1901	1901	1900	1900	1900	1900
R^2	0.026	0.027	0.027	0.027	0.027	0.028
企业数量	237	237	237	237	237	237

注：括号内为稳健标准误，***，**，*分别表示在 1%，5%和 10%的水平上显著。

从表 6-12 中的固定效应模型分析结果可知，营销能力对企业基本每股收益增长率的影响显著为正，而且其影响系数分布在 65.49～73.97 的较窄范围内，说明营销能力对企业基本每股收益增长率的影响非常稳健，不随着控制变量的加入而剧烈改变。营销能力越强的企业，基本每股收益增长率越高。营销能力越强，表明可以预期的利润越大，也就是平均每一股份能够获得的利润增长越多。

从表 6-12 中的控制变量的估计结果可知，政府补贴对基本每股收益增长率有显著的正向影响。最大股东占比、存货周转率、企业年龄、是否有研发投入和企业规模对于基本每股收益增长率没有显著影响。

6.5 营销能力对外部企业成长方式的影响

6.5.1 实证模型选择与构建

根据基本假设，营销能力对企业成长方式影响的基本方程如下：

$$Y_{it} = \alpha_0 + \alpha_1 X_{it} + \sum_{n=1} \alpha_n D_{nit} + \varepsilon_{it}, \quad t = 1, \cdots, 11 \tag{2}$$

式（2）中：Y_{it} 表示第 i 家公司第 t 年是否进行兼并重组，1 表示有出资进行兼并重组、并购，0 表示该年度没有进行兼并重组、并购等活动；X_{it} 表示第 i 家公司第 t 年的营销能力；D_{nit} 分别表示政府补贴、最大股东占比、存货周转率、企业年龄、是否有研发投入等控制变量；α_0 为常数项；α_1、α_n 为待估系数；ε_{it} 为误差项。在此，假定不存在测量误差的问题，而且 $\mathrm{cov}(\varepsilon, X) = 0$ 。

由于企业是否进行兼并重组的变量取值是 1、0 二元取值，而且样本数据属于面板数据，需要进行非线性回归，不适合采用 OLS 模型，而应当采取二元选择面板数据模型。在此采取分步回归的 Logit 模型并通过固定效应进行估计。

二元 Logit 模型的基本形式如下：

$$y_{it} = \ln\left(\frac{P_{it}}{1 - P_{it}}\right) = \alpha + \beta_0 X_{it} + \sum_{n=1} \beta_n D_{nit} + \varepsilon \tag{3}$$

式（3）中，P_{it} 表示第 i 家企业在第 t 年进行兼并重组、并购的概率，α 是常量，β_0、β_n 是待估计系数，ε 是随机误差项，X_{it} 是营销能力，D_{nit} 是控制变量。y_{it} 是被解释变量，表示企业是否进行兼并重组、并购。那么当第 i 家企业在第 t 年进行兼并重组、并购，即 $y_{it} = 1$ 的概率分布函数为：

$$P_i = F(z = 1 \mid y_i) = 1/(1 + \mathrm{e}^{-y_i}) \tag{4}$$

6.5.2 实证结果与结果分析

表 6-13 是营销能力对企业成长方式的分步回归结果。为了检验营销能力对

企业成长方式的影响，采用逐步回归的方法，不断加入可观察的控制变量，检查结果是否稳健。

从表 6-13 可知，营销能力对企业是否进行兼并重组无显著影响。

表 6-13　营销能力对企业成长方式的分步回归结果

变量名	(1) 固定效应	(2) 固定效应	(3) 固定效应	(4) 固定效应	(5) 固定效应	(6) 固定效应
营销能力	32.77	33.35	32.90	32.93	32.61	37.77
	(33.46)	(33.49)	(33.60)	(33.61)	(33.72)	(34.19)
政府补贴	0.373**	0.368**	0.370**	0.370**	0.366**	0.334**
	(0.158)	(0.158)	(0.158)	(0.158)	(0.158)	(0.159)
最大股东占比		0.440	0.434	0.435	0.463	0.398
		(0.815)	(0.817)	(0.818)	(0.819)	(0.822)
存货周转率			−7.36e−05	−7.38e−05	−0.000132	−0.000273
			(0.00119)	(0.00119)	(0.00119)	(0.00119)
企业年龄				0.00713	0.00702	−0.00367
				(0.222)	(0.221)	(0.222)
是否研发					0.226	0.222
					(0.213)	(0.213)
企业规模						4.13e−05*
						(2.16e−05)
观测值数量	1715	1715	1714	1714	1714	1714
企业数量	206	206	206	206	206	206

注：括号内为标准误，***，**，* 分别表示在 1%，5% 和 10% 的水平上显著。

6.6 政企关联对营销能力与企业成长关系的调节作用

6.6.1 实证模型选择与构建

基于前面章节关于营销能力对企业成长的演绎路径分析，本研究选取政企关联作为调节变量。一方面是直接引入政企关联的变量，观察其对企业成长的直接影响；另一方面是引入营销能力与政企关联的交互项。根据基本假设，构建政企关联对营销能力与企业成长关系的调节模型，基本方程如下：

$$Y_{it} = \gamma_0 + \gamma_1 X_{it} + + \gamma_2 X_{it} S_i + \gamma_3 S_i + \sum_{n=1} \gamma_n D_{nit} + \mu_{it}, \quad t = 1, \cdots, 11 \qquad (5)$$

式（5）分别识别了五组模型。模型1中，Y_{it}表示第i家公司第t年的营业收入增长率；模型2中，Y_{it}表示第i家公司第t年的总资产增长率；模型3中，Y_{it}表示第i家公司第t年的基本每股收益增长率；模型4中，Y_{it}表示第i家公司第t年的净利润增长率；模型5中，Y_{it}表示第i家公司第t年的企业成长方式（是否兼并重组、并购）。另外，X_{it}表示第i家公司第t年的营销能力，S_i表示第i家公司是否具有政企关联特征，$X_{it}S_i$表示营销能力与政企关联的交互项，D_{nit}分别表示政府补贴、最大股东持股比例、存货周转率、企业年龄、是否有研发投入等控制变量。其他，γ_0为常数项，γ_1、γ_2、γ_3、γ_n为待估系数，μ_{it}为误差项。假定不存在测量误差的问题。

由于企业成长的五个代理变量既有连续性取值的，也有1、0二元取值，因而下面的回归模型将结合前面的模型，对于连续性的被解释变量采用固定效应OLS，对于1、0二元取值的被解释变量采取二元Logit模型，以更好地观测调节变量的有效性。另外，为了进一步检验政企关联的调节作用，还对企业性质进行了控制，区分了国有企业与非国有企业两类样本分别进行检验。

6.6.2 实证结果与结果分析

表6-14显示了不同的被解释变量的模型回归结果。

第（1）列是因变量为营业收入增长率时的模型回归结果。可以看出：营销能力对于企业成长具有显著的正向影响，企业营销能力越强，营业收入增长率越高；营销能力与政企关联的交互项为负但是不显著，说明政企关联对营销能力与营业收入增长率的关系没有显著的调节作用。

表 6-14　政企关联对营销能力与企业成长关系的调节作用

变量名	(1) 营业收入增长率	(2) 总资产增长率	(3) 净利润增长率	(4) 基本每股收益增长率	(5) 是否兼并重组
营销能力	14.58***	4.981	73.31**	74.88**	33.47
	(4.277)	(3.373)	(31.68)	(37.90)	(34.44)
政企关联	0.972	1.904	19.25	14.23	−39.96***
	(2.080)	(1.389)	(15.38)	(15.22)	(15.44)
营销能力×政企关联	−0.937	−1.896	−19.42	−14.68	40.37***
	(2.093)	(1.403)	(15.43)	(15.38)	(15.55)
政府补贴	0.0219	−0.00498	0.539***	0.467***	0.322**
	(0.0218)	(0.0106)	(0.152)	(0.143)	(0.160)
最大股东占比	0.0529	0.127	1.759	1.705	0.584
	(0.121)	(0.112)	(1.297)	(1.259)	(0.829)
存货周转率	0.000268	−7.98e−05	4.52e−05	0.000262	−0.000356
	(0.000231)	(0.000192)	(0.00200)	(0.00197)	(0.00120)
企业年龄	0.00978	0.0103	0.270**	0.115	−0.00697
	(0.0129)	(0.0157)	(0.136)	(0.239)	(0.224)
是否研发	0.0260	0.0267	0.227	0.0497	0.267
	(0.0347)	(0.0228)	(0.291)	(0.310)	(0.214)
企业规模	4.51e−06***	5.23e−06***	3.26e−05**	3.40e−05	3.77e−05*
	(1.49e−06)	(1.44e−06)	(1.58e−05)	(2.10e−05)	(2.16e−05)
常数项	−14.25***	−4.972	−76.63**	−75.44**	
	(4.162)	(3.284)	(30.82)	(36.86)	
观测值数量	1900	1900	1900	1900	1714
R^2	0.062	0.081	0.036	0.029	
企业数量	237	237	237	237	206

注：第（1）～（4）列括号内为稳健标准误，第（5）列括号内为标准误。***，**，*分别表示在 1%，5%和 10%的水平上显著。

表 6-14 第（2）列是因变量为总资产增长率时的模型结果。营销能力对总资产增长率的影响为正但是不显著。营销能力与政企关联的交互项为负但是不显著，说明政企关联对营销能力与总资产增长率的关系没有显著的调节作用。

表 6-14 第（3）列和第（4）列分别是因变量为净利润增长率和基本每股收益增长率时的模型结果。营销能力对净利润增长率和基本每股收益增长率具有显著的正向影响，营销能力越强，净利润增长率和基本每股收益增长率越高。营销能力与政企关联的交互项为负但是不显著，说明政企关联对营销能力与净利润增长率和基本每股收益增长率的关系没有显著的调节作用。

从表 6-14 第（5）列可知，营销能力的回归系数为正但是不显著；营销能力与政企关联的交互项显著为正，说明与没有政企关联的企业相比，营销能力对具有政企关联的企业采用兼并重组的方式发展的影响更大，即当企业没有政企关联时，营销能力越强，企业越可能采用自我成长的方式来发展，而不是进行兼并重组。

已有的研究证明，对于不同性质的企业，政企关联发生的效应不同。因此，本研究按照企业性质，分国有企业与非国有企业两类样本进行比较分析，以便于更好地观察政企关联对于企业营销能力与企业成长关系的调节作用是否受到企业性质的影响。

回归结果如表 6-15 所示，具体解释如下：

（1）表 6-15 的第一列和第二列将总体样本分为国有企业样本和非国有企业样本，分别分析政企关联对营销能力与营业收入增长率的关系的调节作用。在国企样本和非国企样本中，营销能力与政企关联的交互项的系数为负但不显著，说明政企关联对营销能力与营业收入增长率的调节作用不显著。

（2）表 6-15 的第三列和第四列将总体样本分为国有企业样本和非国有企业样本，分别分析政企关联对营销能力与总资产增长率的关系的调节作用。在国企样本中，营销能力与政企关联的交互项的系数显著为负，并且其绝对值大于非国企样本中相应系数的绝对值。说明相较于非国有企业，政企关联对营销能力与总资产增长率关系的调节作用在国有企业中发挥了更重要的作用。

（3）表 6-15 的第五列和第六列将总体样本分为国有企业样本和非国有企业样本，分别分析政企关联对营销能力与净利润增长率的关系的调节作用。在国企样本中，营销能力与政企关联的交互项的系数显著为负，并且其绝对值大于非国企样本中相应系数的绝对值，而非国企样本中营销能力与政企关联的交互项的系数为正但不显著。说明政企关联对营销能力与净利润增长率的调节作用主要发生在国有企业样本中。

（4）表 6-15 的第七列和第八列将总体样本分为国有企业样本和非国有企业样本，分别分析政企关联对营销能力与基本每股收益增长率的关系的调节作用。在国企样本和非国企样本中，营销能力与政企关联的交互项的系数均不显著，说明政企关联对营销能力与营业收入增长率的调节作用不显著。

（5）表 6-15 的第九列和第十列将总体样本分为国有企业样本和非国有企业样本，分别分析政企关联对营销能力与企业兼并重组的关系的调节作用。在国企样本中，营销能力与政企关联的交互项的系数显著为正，而非国企样本中营销能力与政企关联的交互项的系数为正但是不显著，并且国企样本的估计值大于非国企样本中对应变量的估计值。说明政企关联对企业成长方式的调节作用主要发生在国有企业样本中。

表 6-15　政企关联对营销能力与企业成长关系调节作用的分样本研究

变量名	营业收入增长率		总资产增长率		净利润增长率		基本每股收益增长率		企业兼并重组	
	国企样本	非国企样本	国企样本	非国企样本	国企样本	非国企样本	国企样本	非国企样本	国企样本	非国企样本
营销能力	8.764*	20.59**	3.077	7.725	82.81**	52.33	102.3**	26.53	−10.28	116.4
	(4.747)	(8.167)	(2.996)	(6.751)	(36.74)	(53.30)	(45.48)	(60.46)	(41.10)	(74.43)
政企关联	1.533	0.497	4.558***	0.140	46.03*	−6.957	43.34	−21.23	−57.63**	−22.71
	(2.594)	(3.061)	(1.510)	(2.124)	(27.38)	(17.91)	(29.35)	(16.48)	(25.28)	(20.80)
营销能力×政企关联	−1.515	−0.452	−4.585***	−0.108	−46.50*	7.048	−44.32	21.39	58.02**	23.01
	(2.618)	(3.080)	(1.529)	(2.145)	(27.48)	(17.97)	(29.67)	(16.71)	(25.50)	(20.95)
政府补贴	0.0189	0.0471	0.00121	−0.000290	0.762***	0.167	0.709***	0.118	0.461**	0.115
	(0.0252)	(0.0435)	(0.0127)	(0.0190)	(0.179)	(0.197)	(0.152)	(0.201)	(0.192)	(0.298)
最大股东占比	−0.192	0.106	−0.0641	0.168	0.563	2.357*	0.848	1.375	0.598	0.846
	(0.119)	(0.203)	(0.133)	(0.157)	(2.302)	(1.378)	(1.985)	(1.470)	(1.216)	(1.227)
存货周转率	0.000239	0.000287	−7.41e−05	−3.39e−05	−0.00174	0.00124	−0.00254	0.00227	0.000242	−0.000852
	(0.000381)	(0.000274)	(0.000199)	(0.000237)	(0.00191)	(0.00276)	(0.00195)	(0.00257)	(0.00228)	(0.00150)
企业年龄	0.00458	0.0534*	0.0120	0.0475	0.358***	−0.165	0.229	−0.217	−0.148	0.255
	(0.0147)	(0.0278)	(0.0168)	(0.0376)	(0.111)	(0.394)	(0.230)	(0.334)	(0.250)	(0.560)
是否研发	0.00654	0.0458	0.0192	0.0247	−0.0531	0.567	−0.219	0.351	−0.0284	0.856**
	(0.0267)	(0.0759)	(0.0193)	(0.0493)	(0.301)	(0.589)	(0.360)	(0.563)	(0.269)	(0.381)
企业规模	5.04e−06	5.39e−06***	2.30e−06	7.77e−06***	4.57e−05	3.24e−05**	6.87e−05	2.45e−05	3.82e−05	3.63e−05
	(3.10e−06)	(2.04e−06)	(1.80e−06)	(1.93e−06)	(4.75e−05)	(1.31e−05)	(6.17e−05)	(1.48e−05)	(2.88e−05)	(3.43e−05)

续表

变量名	营业收入增长率		总资产增长率		净利润增长率		基本每股收益增长率		企业兼并重组	
	国企样本	非国企样本	国企样本	非国企样本	国企样本	非国企样本	国企样本	非国企样本	国企样本	非国企样本
常数项	−8.468*	−20.77***	−3.101	−8.219	−87.29**	−49.06	−104.2**	−22.68		
	(4.640)	(7.836)	(2.930)	(6.498)	(35.63)	(51.86)	(44.10)	(58.68)		
观测值数量	1014	886	1014	886	1014	886	1014	886	946	768
R^2	0.047	0.116	0.039	0.174	0.042	0.043	0.039	0.043		
企业数量	128	109	128	109	128	109	128	109	115	91

注：第一列到第八列括号内为稳健标准误，第九列和第十列括号内为标准误，***，**，*分别表示在 1%，5%和 10%的水平上显著。

6.7 稳健性检验

考虑到上述模型估计中，还存在一些不足和可能改进之处。关于企业成长可能存在的内生性问题，虽然本书对最大股东占比、存货周转率、企业年龄、是否研发、企业规模等变量进行了控制，但是可能存在遗漏变量的问题，导致结果出现估计偏误。计量模型的稳健性可以通过更换样本区间或测量指标，或者更改控制变量等方法来检验。针对本书所研究的主题，关于营销能力与企业成长，如果采用不同的测度指标，可能导致样本分布概率不一致，进而导致结果可能存在一定的随意性。在此，参考已有研究更多地采用营销投入指标测度营销能力，以及采用托宾 Q 值直接作为企业绩效测度指标来表示企业成长，本书也采用这两种方法进行稳健性检验。

6.7.1 营销能力与营销投入的影响差异

一般而言，营销投入是为了实现营销业绩而进行的投入，将销售费用与营业收入的比率视为营销投入。营销投入越多，越有利于营销能力的增长，但是营销投入既具有投资效应，又具有成本效应，而营销能力应该是指能够实现营销效益又能够降低销售成本的一种综合能力，因而营销投入与营销能力对企业成长的影响必然存在差异。因此，本书认为将营销投入作为营销能力的替代指标是不合理的。

表 6-16 是营销投入对企业成长的模型回归结果。结果表明，营销投入对营业收入增长率、净利润增长率和基本每股收益增长率的影响显著为负，与营销能力对三者的影响系数符号相反。此外，营销投入对总资产增长率和企业兼并重组的影响系数不显著。说明营销投入与营销能力是两个不同的概念，它们捕捉的内容不一样，衡量了企业的不同方面，所以导致结果的不同。

表 6-16　营销投入对企业成长的影响

变量名	(1) 营业收入 增长率	(2) 总资产 增长率	(3) 净利润 增长率	(4) 基本每股 收益增长率	(5) 是否兼并 重组
营销投入	−0.989***	−0.322	−5.256**	−5.046**	−0.687
	(0.326)	(0.205)	(2.215)	(2.101)	(1.118)
政府补贴	−0.000679	−0.00845	0.275**	0.166	0.187
	(0.0154)	(0.00872)	(0.136)	(0.155)	(0.124)
最大股东占比	0.0248	0.108	1.335	1.397	0.350
	(0.114)	(0.0952)	(1.108)	(1.136)	(0.681)
存货周转率	0.000362	8.57e−05	−0.000121	−7.09e−06	−0.000210
	(0.000224)	(0.000156)	(0.00199)	(0.00196)	(0.00112)
企业年龄	0.0101	−0.00112	0.209	0.147	−0.159
	(0.00950)	(0.0125)	(0.131)	(0.165)	(0.159)
是否研发	0.0295	0.0528***	0.0355	−0.109	0.231
	(0.0284)	(0.0188)	(0.214)	(0.221)	(0.161)
企业规模	3.13e−06	3.63e−06***	6.73e−06	6.50e−06	1.55e−05
	(2.00e−06)	(1.37e−06)	(1.39e−05)	(1.64e−05)	(1.26e−05)
常数项	0.174	0.200	−3.056	−2.246	
	(0.162)	(0.199)	(2.071)	(2.572)	
观测值数量	2458	2458	2458	2458	2283
R^2	0.083	0.079	0.031	0.025	
企业数量	243	243	243	243	221

注：第（1）～（4）列括号内为稳健标准误，第（5）列括号内为标准误。***，**，* 分别表示在 1%，5%和 10%的水平上显著。

6.7.2　企业成长与托宾 Q 值的差异

基于数据的可得性，企业绩效能够直接刻画企业成长，经常被作为企业绩效测度指标的有托宾 Q 值（Yermack，1996），也就是说，很多研究会直接用托宾 Q 值作为企业经营绩效的一个直接代理变量。

表6-17是以托宾Q值作为被解释变量时，营销能力和营销投入对企业成长的模型回归结果。结果表明，以托宾Q值作为被解释变量时，营销能力对其有显著的正向影响，与本书研究结论相同。进一步证实了研究结论的稳健性。但是，托宾Q值并不能全面衡量企业成长的质量与数量，对于本书中成长方式的选择，托宾Q值就无法体现出来。因而，本书认为托宾Q值作为企业成长的替代指标是不合理的。

表6-17　营销能力对托宾Q值的影响

变量名	托宾Q
营销能力	20.32*
	(11.19)
营销投入	
政府补贴	−0.0439
	(0.104)
最大股东占比	−1.263*
	(0.714)
存货周转率	−0.000656
	(0.000914)
企业年龄	0.0574
	(0.146)
是否研发	0.0359
	(0.0972)
企业规模	−6.09e−06
	(8.42e−06)
常数项	−18.60
	(11.29)
观测值数量	1900
R^2	0.149
企业数量	237

注：括号内为稳健标准误，***，**，*分别表示在1%，5%和10%的水平上显著。

6.8　实证结果总结

本章研究营销能力与服务企业成长之间的关系，构建了研究模型，并提出了三个假说，通过对 246 家上市服务企业数据进行实证分析，假说得以验证。主要结论如下：

（1）服务企业营销能力越强，企业成长速度越快，即营销能力对营业收入增长率、基本每股收益增长率、净利润增长率三个代理变量有正向影响。从影响程度来看，营销能力对服务企业基本每股收益影响最大。

（2）政企关联在营销能力对服务企业成长的影响中具有调节作用。与没有政企关联的企业相比，营销能力对具有政企关联的企业采用兼并重组的方式发展的影响更大，即当企业没有政企关联时，营销能力越强，企业越可能采用自我成长的方式来发展，而不是进行兼并重组，并且调节作用主要发生于国有企业中。

关于营销能力对服务企业成长的影响及政企关联的调节作用，在控制所有变量后，各被解释变量的影响系数与显著性总结归纳如表 7-18 所示。可见，在加入了政企关联变量后，营销能力对服务企业的成长系数有所增大，说明影响更强。

表 6-18　营销能力对服务企业成长的影响及政企关联的调节作用

变量名	营业收入增长率	总资产增长率	净利润增长率	基本每股收益增长率	是否兼并重组
营销能力	14.31***	4.652	70.72***	73.97**	37.77
营销能力（调节模型）	14.58***	4.981	73.31***	74.88**	33.47
营销能力×政企关联	−0.937	−1.896	−19.42	−14.68	40.37***
政企关联	0.972	1.904	19.25	14.23	−39.96***

注：***，**，*分别表示在 1%，5%和 10%的水平上显著。

第7章 研究结论、政策建议与研究展望

企业成长研究既是管理学也是经济学的研究课题。服务业的发展及服务企业成长是当前一个热点话题。本书基于能力-成长的框架，实证研究营销能力对服务企业成长的影响，契合经济发展中的热点理论问题，对服务企业可持续性发展有较强的实践价值。

7.1 研究结论

通过理论与实证分析，得出了以下主要研究结论：

(1) 服务业在中国飞速发展，已逐渐发展成为主导产业。对中国服务业上市公司的描述性统计分析的结果表明：中国服务业上市公司企业规模有逐渐扩大的发展态势；服务业上市公司企业规模稳步扩张；总体上服务企业营业规模偏小，但服务业上市公司企业规模在不断扩大，员工规模也在不断扩大。

(2) 以企业内生成长为理论基础，从资源、能力与成长的关系角度提出了服务企业内生成长的机理。

(3) 匹配营销内涵的变迁，将基于客户价值的动态营销能力创新性地定义为企业在应对环境和市场变化时运用跨职能业务流程探索、创造和传递客户价值的能力。这个概念兼顾资源基础理论与动态能力理论，核心是客户价值的管理。

(4) 将基于客户价值的营销能力划分为三个维度，即客户价值探索能力、客户价值创造能力、客户价值传递能力。在总结梳理企业成长研究文献的基础上，

将服务企业成长划分为企业内部成长和企业外部成长两个维度。

（5）基于客户价值的营销能力对服务企业成长的影响路径的研究结论显示：营销能力是服务企业竞争优势的重要来源，营销能力在赢得和维持服务企业竞争优势的过程中发挥核心作用，其他企业能力为客户提供的价值最终仍需通过营销能力传递出去。客户价值是服务企业获取持续竞争优势的途径，客户价值是企业获得优势的出发点，也是企业竞争优势的显示标。来源于客户价值探索、创造和传递能力的营销能力通过提升服务企业竞争优势影响服务企业成长。

（6）基于客户价值的营销能力的三个维度对服务企业成长有不同的影响，企业通过客户价值探索能力，发现客户需求，提出价值建议，储备客户资源，抢占竞争先机；通过客户价值创造能力，满足客户需求，提高客户满意度，形成差异化的竞争优势；通过客户价值传递能力，培养客户忠诚度，保留客户，获得客户忠诚价值，形成持续竞争优势，从而帮助服务企业获得长期稳定的利润来源，影响服务企业成长。同时，营销能力会通过影响服务企业外部成长方式，以及内部成长方式，促进企业成长。

（7）从实证分析来看，本书的研究结论表明：

① 营销能力对服务企业成长有显著的正面影响。数据分析表明，营销能力对服务企业成长规模和速度影响显著。固定效应模型分析结果表明，营销能力对服务企业营业收入增长率的影响显著为正，营销能力对服务企业营业收入增长率的影响非常稳健，不随着控制变量的加入而剧烈改变。营销能力越强的服务企业，营业收入增长率越高。营销能力对服务企业总资产增长率的影响显著为正，营销能力越强的服务企业，总资产增长率越高。营销能力对服务企业净利润增长率的影响显著为正，营销能力越强的服务企业，净利润增长率越高。营销能力对企业基本每股收益增长率的影响显著为正，营销能力越强的企业，基本每股收益增长率越高。

② 营销能力对企业成长方式有一定影响。营销能力对企业是否兼并的影响显著为负，说明企业营销能力越强，相对越少进行兼并重组，即营销能力越强的企业，越倾向于采取自我成长的方式来发展。

③ 与没有政企关联的服务企业相比，营销能力对具有政企关联的服务企业的营业收入增长率的影响更小，即营销能力对没有政企关联的服务企业的营业收

入增长率的正向促进作用更大。说明与没有政企关联的企业相比，营销能力对具有政企关联的企业的总资产增长率的影响更小，即营销能力对没有政企关联的服务企业的总资产增长率的正向促进作用更大。政企关联对营销能力与净利润增长率和基本每股收益增长率的关系没有显著的调节作用。说明与没有政企关联的服务企业相比，营销能力对具有政企关联的服务企业采用兼并重组的方式发展的影响更大，即当服务企业没有政企关联时，营销能力越强，企业越可能采用自我成长的方式来发展。政企关联对营业收入增长率的调节主要作用于国有企业，而对非国有服务企业的作用不显著。说明政企关联对总资产增长率的调节作用对国有服务企业比对非国有服务企业发挥了更重要的作用。政企关联对企业成长方式的调节作用主要发生在非国有服务企业中。

④ 实证结果显示，除了总资产增长率之外，营销投入对服务企业成长速度（营业收入增长率、净利润增长率和基本每股收益增长率）的影响系数均不显著，并且营销投入对服务企业兼并重组的影响显著为正，与营销能力对服务企业兼并重组的影响系数相反。说明营销投入与营销能力是两个不同的概念，它们捕捉的内容不一样，衡量企业的不同方面，导致结果的不同。

⑤ 营销能力对企业综合成长指标与托宾 Q 值的影响有明显差异。托宾 Q 值作为服务企业成长的替代指标是不合理的。

7.2 政策建议

现有研究对于营销能力这一重要的竞争优势来源缺乏足够的研究成果。基于能力的竞争优势理论认为，企业拥有的独特能力能为企业带来竞争优势，营销能力在打造竞争优势方面日益受到企业和研究者的重视，被认为是组织效率的一个主要决定力量，但几乎没有学者基于成长的角度对这一重要能力进行检验。本书综合运用微观经济理论、管理理论、市场营销理论等多学科的知识，全面梳理了营销能力的理论基础，进一步完善了营销能力的概念体系，并基于价值管理的视角，构建了一个整合的分析框架，深入探讨服务企业营销能力的影响机制以及营销能力对企业成长的作用机理。服务企业打造和提升营销能力的意义在于它能显著建立企业持续竞争优势，改善企业绩效，影响企业成长的速度和方式。虽然大量研究承认营销能力是企业获取竞争优势的主要方式之一，但学者们对营销能力的研究大部分是基于定性的探讨，而鲜有实证研究的成果。本书实证研究了营销能力对企业成长的影响，为企业的营销能力培育实践提供了动力基础。关于如何打造服务企业的营销能力，现存的研究主要是通过识别企业营销能力的构成要素，针对每个要素开展相应的工作，这种思路本质是一种“头痛医头、脚痛医脚”的营销能力构建模式。本书的研究揭示了基于客户价值的营销能力的形成机制，为服务企业营销能力的构建提供了有效的途径，即必须从提升为客户创造和传递卓越价值入手，全面提高企业基于市场变化的营销能力。这在一定程度上弥补了现有研究的不足。

当前，服务企业面临的营销环境已发生重大改变，互联网的出现、数字化设备的大量运用以及消费者选择的多样化，使服务企业面临前所未有的激烈竞争。我们必须比以往更注重思考如何构建及提升中国服务企业的营销能力，通过有效整合和合理运用企业内外资源，开发出能够满足市场需求的服务，并通过一系列营销活动将产品和服务提供给顾客。在为顾客创造更多的价值的同时，也为企业转化更多的资产价值，使企业得到相比竞争对手更高的利润，从而为企业创造竞争优势，推动企业成长。根据上述研究结论和启示，本书尝试提出以下具体政策建议。

1. 服务企业应进一步重视营销能力在企业成长中的作用

服务企业直接面对消费者市场，在提供服务产品的过程中与客户具有不可分性。服务企业尤其要注重发挥营销职能在成长中的价值。动态营销能力可以直接或者间接影响企业成长，提高外部成长速度及效率，也能影响外部成长的方式。服务企业成长要解决成长过程中存在的诸多问题，如企业成长的动力不明显，企业成长速度缓慢，成长方式不合理，缺乏对于企业核心能力的培育等，培育基于客户价值的营销能力是关键。因此，服务企业应进一步重视营销能力在企业成长中的作用，打造核心能力，推动企业持续发展。

2. 服务企业应打造基于客户价值的竞争优势

目前，企业在市场中偏向竞争导向，关注竞争的物质要素，强调资源、能力和环境间的均衡，利用社会、产业的结构性因素建立壁垒，从而制约竞争者，形成竞争优势。竞争导向可以引导服务企业避开效率周期的陷阱，却不能避开价值周期的陷阱，在客户价值发展缓慢的营销环境中，可以很好地发挥作用，而在迅速变化的营销环境中，其效力将越来越小。竞争导向虽能保证企业在某个价值范畴内成长，却不能保证企业持续地成长。客户价值始终是驱动业绩增长的本质因素，核心能力越来越与开拓价值范畴及重构流程的能力联系在一起，竞争优势的来源将由静态的壁垒转向动态的客户满意。但是，客户满意只是反映了客户对于服务企业所提供的产品或服务的一种态度，这种态度与重复购买行为之间并无必然的联系，即客户满意并不意味着客户忠诚。一般而言，客户只会购买那些具有更高价值的产品或服务，即真正驱动客户忠诚的因素是客户价值。只有客户价值才真正体现了客户需求与偏好及其价值评判标准。

客户价值能直接或间接推动服务企业的成长，服务企业应打造基于客户价值的竞争优势。把客户价值作为企业成长的引擎，选择经营的方向，培育核心能力，保证业绩长期稳固地增长。

3. 服务企业营销能力的构建必须涵盖三个维度

基于客户价值的动态营销能力是企业竞争优势的主要来源。服务企业在构建营销能力时，应该注重客户价值探索能力、客户价值创造能力及客户价值传递能力的全方位打造。

在探索客户价值层面，企业必须进行有效的市场细分、正确地确定其目标市场，并在其目标市场上合理定位。在传递客户价值层面，企业必须充分运用其营销组合工具以执行其业务策略。企业还必须促进其营销能力的有序发展，充分发挥每一层次能力的应有作用。从营销能力的形成机制来看，为了构建营销能力，企业必须加强组织学习和知识管理，通过领先的产品，忠诚的客户，卓越的运行能力形成竞争优势，在完整地收集客户信息和建立统一、准确的客户视图的基础上，整合多重传递渠道。通过个性化的服务为客户提供卓越的客户价值，有效地传递客户价值。同时，价值传递过程也是客户信息的反馈过程，企业需要及时、全面地收集客户信息，分析客户行为和偏好，以最有效的方式快速响应客户需求，增加客户忠诚度。

4. 营销能力在影响服务企业成长的过程中应恰当运用政企关联等影响因素

根据本书的研究结论：政企关联在营销能力对企业成长的影响中具有调节作

用。没有政企关联的企业，其营销能力对企业成长的作用更大，并且调节作用主要发生于非国有企业中。服务企业在成长的过程中要较好地运用政企关联的价值，增强营销能力对企业成长的影响力，特别是非国有企业。步步高商业连锁就是一个有效运用政企关联效应的成功案例。不仅是政企关联，还有很多影响因素，如竞争对手的定位与导向、技术环境的变化、内部营销能力等。企业在成长的过程中，注重这些影响因素，关注竞争对手，对环境变化保持敏感性，以及重视员工培训，提升员工素质，打造内部员工满意度，这些做法都可以在一定程度上增强营销能力对企业成长的影响程度，促进企业成长。

5. 提升营销能力，坚持自我成长，保持均衡成长

中国服务企业的成长是对环境变化的适应过程。在企业成长的过程中容易出现发展失衡，其结果往往是企业的确存在快速成长，但并没有持续的成长，甚至出现成长失控的“恶性成长”，快速成长之后带来的是“快速失败”。通过实证分析，我们不难看出，营销能力对服务企业成长方式有一定影响。营销能力对服务企业是否兼并的影响显著为负，说明企业营销能力越强，相对越少进行兼并重组，即营销能力越强的企业，越倾向于采取自我成长的方式来发展。因此，中国服务企业在成长的过程中，特别是成长初期，要依托内部资源和能力，不能一味地追求规模上的大，盲目兼并收购。

7.3　研究展望

由于经济现象本身的复杂性和对现实世界认知的局限性，以及中国进一步加大经济结构调整的特征，对于服务企业成长的研究极具复杂性，作者希望通过本书的实证分析为相关研究者未来进一步研究提供可参考的研究方向。

第一，由于我国正处在“十四五”建设期，经济结构不断升级、转型。随着互联网的出现和数字技术的应用，未来顾客价值的提升可能围绕单个客户展开，对于服务企业来说，既是机会又是挑战，新的策略及思路上的研究会成为热点课题。

第二，由于数据可获得性的局限性及数据处理方法的局限性，本书的分析过多地依赖数据结果，因此，进一步定性研究服务行业的营销能力及企业成长将是一项非常有意义的工作。未来需要找到一些典型的服务企业实践案例进行

分析。

第三，对于企业外部成长方式的测度，本书只使用了单一指标，应该可以采用其他的指标来研究，以使研究结果更全面。后续的研究也将从整体转换到对某一细分行业的研究，更具体地研究某一类型服务业或某一企业的企业成长问题，从而提出更具针对性的政策建议。

参考文献

[1] 高芳. 动态环境下营销能力的构建 [J]. 武汉大学学报（哲学社会科学版），2008（03）：432-436.

[2] Prithwiraj Nath，Subramanian Nachiappan，Ramakrishnan Ramanathan. The impact of marketing capability，operations capability and diversification strategy on performance：A resource-based view [J]. Industrial Marketing Management，2010，39（2）：317.

[3] Jaworski Bernard J，Kohli Ajay K. Market orientation：Antecedents and consequences [J]. Journal of Marketing，1993，57（3）：53-70.

[4] 杨小凯. 企业理论的新发展 [J]. 改革，1993（04）：59-65.

[5] Erik Stam，Karl Wennberg. The roles of R&D in new firm growth [J]. Small Business Economics，2009，33（1）：77-89.

[6] Nolan Maureen P，Oppenheim Charles，Withers K Anna. Patenting，profitability and marketing characteristics of the pharmaceutical industry [J]. World Patent Information，1980，2（4）：169-176.

[7] Alfredo Del Monte，Erasmo Papagni. R&D and the growth of firms：Empirical analysis of a panel of Italian firms [J]. Research Policy，2003，32（6）：1003-1014.

[8] 杜江. 企业成长与盈利能力：来自中国上市公司的证据 [J]. 四川大学学报（哲学社会科学版），2008（01）：73-79.

[9] Qian Xihong，Xu Wanli，Li Kongyue. Do entrepreneurial social networks boost enterprise growth? Evidence from the Pearl River Delta in China [J]. Frontiers of Business Research in China，2010，4 (3)：498-513.
[10] 吕一博，苏敬勤，傅宇. 中国中小企业成长的影响因素研究——基于中国东北地区中小企业的实证研究 [J]. 中国工业经济，2008 (01)：14-23.
[11] Dunne Paul，Alan Hughes. Age，size，growth and survival：UK companies in the 1980s [J]. The Journal of Industrial Economics，1994，42 (2)：115-140.
[12] Miroslav Mateev，Yanko Anastasov. Determinants of small and medium sized fast growing enterprises in central and eastern Europe：A panel data analysis [J]. Financial Theory and Practice，2010，34 (3)：269-295.
[13] Vesa Puhakka，Sakari Sipola. Generative mechanisms of growth of a new high-tech firm [J]. iBusiness，2011，3 (3)：266-273.
[14] Chaston，Mangles T. Core capabilities as predictors of growth potential in small manufacturing firms [J]. Journal of Small Business Management，1997，35 (1)：47-57.
[15] 盛斌，毛其淋. 贸易自由化、企业成长和规模分布 [J]. 世界经济，2015，38 (02)：3-30.
[16] 赵忠伟，李睿，朱冰洁. 组织柔性对中小型高科技企业成长影响研究 [J]. 科研管理，2019，40 (07)：247-256.
[17] Nancy M P Bocken，Thijs H J Geradts. Barriers and drivers to sustainable business model innovation：Organization design and dynamic capabilities [J]. Long Range Planning，2020，53 (4)：101950.
[18] 彭伟，金丹丹，符正平. 双重网络嵌入、双元创业学习与海归创业企业成长关系研究 [J]. 管理评论，2018，30 (12)：63-75.
[19] John Joseph，Alex J Wilson. The growth of the firm：An attention-based view [J]. Strategic Management Journal，2018，39 (6)：1779-1800.
[20] Karolin Frankenberger，Wouter Stam. Entrepreneurial copycats：A resource orchestration perspective on the link between extra-industry business

model imitation and new venture growth [J]. Long Range Planning, 2020, 53 (4): 101872.

[21] 孟猛猛，陶秋燕，雷家骕. 企业社会责任与企业成长：技术创新的中介效应 [J]. 研究与发展管理，2019，31 (03)：27-37.

[22] 李玉刚，吴朋，叶凯月，等. 制度情境差异对企业成长的影响研究热点与趋势 [J]. 科技进步与对策，2020，37 (19)：151-160.

[23] 王子林，韩致宁. 制度与私营企业成长相关性研究 [J]. 理论探讨，2017 (01)：93-97.

[24] 徐凤，周清杰，朱倍其. 制度性摩擦成本与企业成长——基于新三板企业的实证研究 [J]. 山西财经大学学报，2021，43 (12)：55-68.

[25] 郭韬，王晨，井润田. 区域软环境因素对高新技术企业成长的影响 [J]. 科学学研究，2017，35 (07)：1043-1053.

[26] 杨其静. 企业成长：政治关联还是能力建设？[J]. 经济研究，2011，46 (10)：54-66，94.

[27] 成力为，李翘楚. 政治关联、研发投资与企业成长 [J]. 大连理工大学学报（社会科学版），2017，38 (04)：9-18.

[28] 窦超，何为. 创新视角下的政府背景客户与企业成长 [J]. 科研管理，2019，40 (10)：193-206.

[29] 张春海. 产融结合、金融发展与企业成长——来自制造业上市公司持股金融机构的经验证据 [J]. 金融发展研究，2017 (11)：40-46.

[30] 马红，王元月. 金融环境、产融结合与我国企业成长 [J]. 财经科学，2017 (01)：59-71.

[31] 丁宇. 创新型企业文化对企业成长的影响——基于3家创新领先企业案例的研究 [J]. 科技导报，2020，38 (15)：138-148.

[32] 黎常，章莉，何萍. 新创企业失败学习模式对企业成长的影响——失败学习内容的中介作用 [J]. 技术经济，2016，35 (02)：63-70，122.

[33] 徐凤增，周键. 创业导向、创业警觉性与企业成长关系研究 [J]. 中央财经大学学报，2016 (11)：114-122.

[34] 刘小元，林嵩，李汉军. 创业导向、家族涉入与新创家族企业成长 [J].

管理评论，2017，29 (10)：42-57.

[35] 周立新．家族企业创业导向与企业成长：社会情感财富与制度环境的调节作用 [J]．科技进步与对策，2018，35 (02)：90-95.

[36] 余义勇，杨忠．资源约束下的创业导向、资源行动策略与企业成长 [J]．科技进步与对策，2021，38 (07)：105-114.

[37] 李洪亚．R&D、企业规模与成长关系研究——基于中国制造业企业数据：2005—2007 [J]．世界经济文汇，2014 (03)：98-120.

[38] 陶秋燕，孟猛猛．网络嵌入性、技术创新和中小企业成长研究 [J]．科研管理，2017，38 (S1)：515-524.

[39] 霍晓萍．创新投入与企业成长：抑制还是促进？ [J]．社会科学家，2019 (02)：38-45.

[40] 田雪姣，鲍新中，杨大飞．技术创新对创业板上市企业成长的影响作用分析——基于动态面板数据的 GMM 估计 [J]．企业经济，2020，39 (11)：32-37.

[41] 刘睿智，王京．技术竞争导向下的创新投入与企业成长性——来自科技型中小微企业的调查数据 [J]．财务研究，2021 (01)：94-103.

[42] 王楠，赵毅，丛继坤，等．科创企业研发投入对企业成长的双门槛效应研究 [J]．科技管理研究，2021，41 (11)：131-138.

[43] 龚红，刘婷．激进式及渐进式绿色技术创新对初创企业成长的影响研究 [J]．科技管理研究，2022，42 (05)：10-17.

[44] 黄昊，王国红，秦兰．科技新创企业资源编排对企业成长影响研究：资源基础与创业能力共演化视角 [J]．中国软科学，2020 (07)：122-137.

[45] 汪洋，何红渠，常春华．金融科技、银行竞争与企业成长 [J]．财经理论与实践，2020，41 (05)：20-27.

[46] 吴传琦，张志强．金融科技对中小企业成长的影响及机制分析 [J]．四川轻化工大学学报（社会科学版），2021，36 (03)：73-87.

[47] 张玄，冉光和，郑强．金融集聚、研发投入与民营企业成长——基于制造业上市民营企业数据 [J]．预测，2016，35 (01)：49-54.

[48] 高霞，雷林兴，马芬芬．数字金融、融资约束与企业成长 [J]．财会通讯，

2022（02）：68-71.

[49] 杨璟．营销资源与企业成长能力关系的实证研究［D］．乌鲁木齐：新疆财经大学，2013.

[50] 王亚奎，方红．市场营销投入对企业成长的影响研究［J］．现代营销（下旬刊），2015（12）：26-27.

[51] 徐尚昆，郑辛迎，杨汝岱．国有企业工作经历、企业家才能与企业成长［J］．中国工业经济，2020（01）：155-173.

[52] 王维，陈岩，姜莉．CEO自恋对企业成长的影响研究——研发投入的中介与高管团队社会资本的调节［J］．会计之友，2020（19）：27-34.

[53] 李拯非，张宏．创始人特质、家族涉入与小微企业成长［J］．东岳论丛，2020，41（06）：110-120，192.

[54] 李小青，周建，温丰羽，等．连锁董事网络嵌入、认知距离与民营创业企业成长——基于创业板上市公司的经验证据［J］．预测，2020，39（01）：35-42.

[55] 王维，宋芳菲，乔朋华．企业家心理韧性对企业成长的影响——探索式创新与社会连带的中介调节作用［J］．科技进步与对策，2021，38（03）：124-132.

[56] 乔朋华，张悦，许为宾，等．管理者心理韧性、战略变革与企业成长——基于香港联合证券交易所中资上市公司的实证研究［J］．管理评论，2022，34（02）：269-280.

[57] 刘礼花，周建波，郑山水．合伙人团队特征对契约治理与企业成长关系的调节作用研究［J］．管理学报，2021，18（05）：673-683.

[58] 李云健，张振刚，李莉，等．管理者认知、开放式创新与企业成长——两职合一的调节作用［J］．科技进步与对策，2021，38（08）：86-93.

[59] 郭淳凡，王淑筠，方晨，等．在线旅游企业管理层权力对企业成长的作用机制——以携程为例［J］．旅游学刊，2022，37（04）：25-38.

[60] 李益娟，罗正英，朱新财．管理层权力、高管持股与企业成长［J］．湖北社会科学，2016（09）：106-113.

[61] 方宇惟，夏庆杰，李实．究竟是什么因素抑制了企业成长？——来自外部

融资约束分析的证据：1999—2007 [J]. 产业经济研究，2014 (01)：13-22，110.

[62] 李洁，张天顶，黄璟. 融资约束与中国制造业企业成长动态 [J]. 产业经济研究，2016 (02)：62-73.

[63] 刘玉来. 融资结构与中小企业成长性关系研究——基于中西部企业的实证检验 [J]. 企业经济，2016 (01)：90-95.

[64] 陶厚永，李玲. 高管身份跨界的"双刃剑"与民营企业成长 [J]. 管理评论，2016，28 (10)：153-168.

[65] 王艳子，张莉，李倩. 企业家认知风格对企业成长的影响——以柯达公司为例 [J]. 首都经济贸易大学学报，2017，19 (03)：82-89.

[66] 彭中文，张双杰，韩茹. 高管团队特征、创新机会识别与高科技企业成长 [J]. 华东经济管理，2018，32 (09)：173-177.

[67] 张云川，袁蕴. 企业家特质对中小企业成长的影响研究 [J]. 领导科学，2019 (16)：84-86.

[68] Churchill N C，Lewis V L. The five stages of small business growth [J]. Harvard Business Review，1983，61 (3)：30 - 50.

[69] Hanks Steven H. Tightening the life-cycle construct：A taxonomic study of growth stage configurations in high-technology organizations [J]. Entrepreneurship Theory and Practice，1994，18 (2)：5-29.

[70] Loasby B J，Casson M. The entrepreneur：An economic theory [M]. Totowa：Barnes & Noble Books，1982.

[71] Richard K Blundel，Martin Hingley. Exploring growth in vertical inter-firm relationships：Small-medium firms supplying multiple food retailers [J]. Journal of Small Business and Enterprise Development，2001，8 (3)：245-265.

[72] Melissa A Schilling，Corey C Phelps. Interfirm collaboration networks：The impact of large-scale network structure on firm innovation [J]. Management Science，2007，53 (7)：1113-1126.

[73] 刘追，贾伟. 创业导向对企业成长的影响研究——基于企业生命周期及行

业的调节效应 [J]. 财会通讯，2018 (27)：44.

[74] Claire Leitch，Frances Hill，Helle Neergaard. Entrepreneurial and business growth and the quest for a "comprehensive theory"：Tilting at windmills?[J]. Entrepreneurship Theory and Practice，2010，34 (2)：249-260.

[75] Kristian Möller，Mai Anttila. Marketing capability—A key success factor in small business? [J]. Journal of Marketing Management，2010，3 (2)：185-203.

[76] Christine Moorman，Anne S Miner. The impact of organizational memory on new product performance and creativity [J]. Journal of Marketing Research，1997，34 (1)：91-106.

[77] Daniele Severi Bruni，Gianmario Verona. Dynamic marketing capabilities in science-based firms：An exploratory investigation of the pharmaceutical industry [J]. British Journal of Management，2009，20 (S)：101-117.

[78] George S Day. The capabilities of market-driven organizations [J]. Journal of Marketing，1994，58 (4)：37.

[79] Graham Hooley. Marketing capabilities and firm performance：A hierarchical model [J]. Journal of Market-Focused Management，1999，4 (3)：259-278.

[80] 颜帮全. 我国企业整体营销能力的现状与对策 [J]. 经济师，2002 (08)：145-146.

[81] 韩顺平，王永贵. 市场营销能力及其绩效影响研究 [J]. 管理世界，2006 (06)：153-154.

[82] 王利政. 企业持续营销能力及其与企业绩效关系的研究 [D]. 长春：吉林大学，2007.

[83] 王兆峰，卿芳梅. 企业营销能力与营销绩效相关性的实证研究 [J]. 商业研究，2009 (09)：62-65.

[84] 张睿，汪克夷，夏立坤，等. 企业市场知识能力、营销能力及组织绩效间关系研究 [J]. 大连理工大学学报（社会科学版），2008 (02)：19-24.

[85] 张骁，王永贵，杨忠. 公司创业精神、市场营销能力与市场绩效的关系研

究 [J]. 管理学报，2009，6 (04)：472-477.
[86] 李巍，王志章. 营销能力对企业市场战略与经营绩效的影响研究——基于成渝地区民营企业的实证数据 [J]. 软科学，2011，25 (01)：114-119.
[87] 陈晓红，于涛. 营销能力对技术创新和市场绩效影响的关系研究——基于我国中小上市企业的实证研究 [J]. 科学学研究，2013，31 (04)：585-595.
[88] 孟佳佳. 双元营销能力对企业绩效的影响研究 [D]. 大连：大连理工大学，2013.
[89] 王月辉，王利，缪祺. 基于流程视角的动态营销能力构成及其与绩效的关系——来自 450 个企业数据的实证检验 [C] //第九届中国软科学学术年会论文集（上册）. 2013：317-327.
[90] 李先江. 绿色创业导向背景下动态营销能力、顾客价值创新与企业绩效的关系研究 [J]. 软科学，2013，27 (09)：60-63，72.
[91] 顾雷雷，彭俞超. 运营能力和营销能力对企业绩效的贡献——中国 IT 行业上市公司数据分析 [J]. 重庆大学学报（社会科学版），2014，20 (01)：56-63.
[92] 汤清，陈海燕. 技术创新、营销能力对企业绩效的影响研究 [J]. 科技管理研究，2015，35 (09)：110-114.
[93] 王月辉，王利，缪祺. 环境不确定性对动态营销能力及其绩效的影响——基于 450 个企业样本的实证研究 [J]. 系统工程，2015，33 (04)：53-61.
[94] 刘泉宏，汪涛. 市场导向如何影响企业绩效：基于营销能力与环境不确定性的整合研究 [J]. 华南理工大学学报（社会科学版），2015，17 (03)：13-20.
[95] 彭正龙，何培旭，李泽. 双元营销能力平衡、战略地位优势与新创高技术服务企业绩效 [J]. 管理科学，2015，28 (03)：115-129.
[96] 于建原，陈锟，李清政. 营销能力对企业自主创新影响研究 [J]. 中国工业经济，2007 (07)：80-87.
[97] 陈锟，于建原. 营销能力对企业创新影响的正负效应——兼及对“Christensen 悖论”的实证与解释 [J]. 管理科学学报，2009，12 (02)：

126-141.

[98] 于建原，赵淳宇，李瑞强．营销能力对领导者创新欲望的影响研究［J］．科研管理，2009，30（04）：18-28.

[99] 白戈．营销能力与企业创新行为关系研究［D］．成都：西南财经大学，2010.

[100] 李清政，白戈，于建原，等．营销能力与创新关系实证研究［J］．中国软科学，2011（01）：135-141.

[101] 张红，周智雄，庄伯超．营销能力对企业的技术创新的影响——基于我国中小板上市企业的实证研究［J］．科技管理研究，2015，35（07）：119-124.

[102] 王星星，邵伟．新常态背景下社会责任、营销能力与企业创新［J］．中国注册会计师，2018（04）：29-34，3.

[103] 邵伟，刘建华．营销能力对中小企业创新的影响研究——基于制度环境视角［J］．财经论丛，2021（10）：91-101.

[104] 崔登峰，王楠楠．营销能力与创新投入：基于客户集中度的视角分析［J］．企业经济，2022，41（01）：94-103.

[105] 张妍，魏江，朱子君．中小型医药企业战略导向与产品创新绩效：一个多案例研究［J］．中国科技论坛，2019（07）：138-144.

[106] 郭立新，陈传明．高科技企业的营销能力对创新的影响——创新过程的视角［J］．技术经济与管理研究，2020（02）：47-54.

[107] 李京勋，郑润坤．高新技术企业创新文化对企业绩效影响研究——双元创新和营销能力的作用［J］．北京航空航天大学学报（社会科学版），2021，34（06）：85-93.

[108] 左莉，刘延平．基于企业营销能力的营销组织创新研究［J］．中国流通经济，2008（03）：47-49.

[109] 贺华丽．创新导向、组织外部网络与中小企业的国际营销能力——以浙江省义乌市为例［J］．商业时代，2012（16）：25-27.

[110] 杜向荣，张寰．服务业升级与企业动态营销能力培育路径——基于无形资源视角［J］．现代商业，2014（07）：94-95.

[111] 王月辉，刘华玮，王利. IT 能力、动态营销能力与市场敏捷性的关系：模型与实证研究 [C] //第十届中国软科学学术年会论文集，2015：100-109.

[112] 张敬伟. 科技型小微企业技术能力与营销能力互动关系案例研究 [J]. 科技进步与对策，2014，31 (10)：72-77.

[113] 吴晓云，张峰. 关系资源对营销能力的影响机制：顾客导向和创新导向的中介效应 [J]. 管理评论，2014，26 (02)：58-68.

[114] 李武威. 企业负责人特征对企业动态营销能力影响的实证研究 [J]. 企业经济，2015 (08)：121-126.

[115] 林媛媛. 论企业营销能力评价指标体系的建设 [J]. 商业时代，2005 (35)：24-26.

[116] 王文超. 服务企业国际营销能力研究 [J]. 商业经济与管理，2005 (02)：48-52，69.

[117] 张苗. 测算企业营销能力的二次相对评价法 [J]. 南京财经大学学报，2006 (05)：73-76.

[118] 王微微. 企业营销能力及其测量量表设计 [J]. 商业时代，2014 (25)：58-60.

[119] 倪细云，徐建霞，刘婧. 农民专业合作社营销能力测度：基于运城市 68 家种植业合作社的实证研究 [J]. 江西农业大学学报（社会科学版），2013，12 (01)：28-34.

[120] 胡宜挺，张宁. 农民专业合作社营销能力评价分析——基于新疆 75 家合作社的调查数据 [J]. 广东农业科学，2015，42 (14)：175-180.

[121] 张竞. 吉林省林产品生产企业市场营销能力评价研究 [J]. 东北农业大学学报（社会科学版），2013，11 (01)：79-81.

[122] 冯燕芳. 物流企业营销能力评价指标体系构建研究 [J]. 江苏商论，2011 (03)：67-68，71.

[123] 马越峰，李建忠. 旅游企业市场营销能力综合评价研究 [J]. 生产力研究，2009 (24)：214-215，224.

[124] 焦晓波. 制造业企业营销能力维度的构建 [J]. 经济管理，2008 (09)：

56-60.

[125] 杨瑞，覃亮. 制造型企业市场营销能力评价指标研究 [J]. 商场现代化，2007 (09)：112-113.

[126] 刘玉来. 企业营销能力管理创新 [J]. 经济论坛，2008 (03)：103-106.

[127] 毕军贤. 基于资源基础观的营销能力内涵探究 [J]. 企业活力，2009 (06)：30-32.

[128] 刘占亮. 基于顾客价值的营销能力探析 [J]. 企业活力，2010 (02)：31-34.

[129] 陈钦兰，郑向敏. 营销能力的类型及关系研究 [J]. 中国市场，2010 (41)：140-144，159.

[130] 韩永强，王毅. 动态营销能力的层级地位及其演化研究 [J]. 未来与发展，2010，32 (07)：82-85.

[131] 张计成. 基于包容性增长的企业长期营销能力建设 [J]. 未来与发展，2011，34 (07)：68-72.

[132] Rajan Varadarajan P，Satish Jayachandran. Marketing strategy：An assessment of the state of the field and outlook [J]. Journal of the Academy of Marketing Science，1999，27 (2)：120-143.

[133] Ho Yin Wong，Bill Merrilees. Determinants of SME international marketing communications [J]. Journal of Global Marketing，2008，21 (4)：293-305.

[134] Amit Raphael，Schoemaker Paul J H. Strategic assets and organizational rent：Strategic assets [J]. Strategic Management Journal，1993，14 (1)：33-46.

[135] Robert H Hayes，Gary P Pisano. Manufacturing strategy：At the intersection of two paradigm shifts [J]. Production and Operations Management，1996，5 (1)：25-41.

[136] Day George S，Wensley Robin. Assessing advantage：A framework for diagnosing competitive superiority [J]. Journal of Marketing，1988，52 (2)：1-20.

[137] Michael Song, Anthony Benedetto C, Robert W Nason. Capabilities and financial performance: The moderating effect of strategic type [J]. Journal of the Academy of Marketing Science, 2007, 35 (1): 18-34.

[138] Mark Easterby-Smith, Marjorie A Lyles, Margaret A Peteraf. Dynamic capabilities: Current debates and future directions [J]. British Journal of Management, 2009, 20 (S): 1-8.

[139] Silvia Martelo Landroguez, Carmen Barroso Castro, Gabriel Cepeda-Carrión. Creating dynamic capabilities to increase customer value [J]. Management Decision, 2011, 49 (7): 1141-1159.

[140] Shantanu Dutta, Om Narasimhan, Surendra Rajiv. Success in high-technology markets: Is marketing capability critical? [J]. Marketing Science, 1999, 18 (4): 547-568.

[141] Rajendra K Srivastava, Liam Fahey, Kurt Christensen H. The resource-based view and marketing: The role of market-based assets in gaining competitive advantage [J]. Journal of Management, 2001, 27 (6): 777-802.

[142] Marguerite Moore, Ann Fairhurst. Marketing capabilities and firm performance in fashion retailing [J]. Journal of Fashion Marketing and Management, 2003, 7 (4): 386-397.

[143] Gordon Liu, Teck-Yong Eng, Sachiko Takeda. An investigation of marketing capabilities and social enterprise performance in the UK and Japan [J]. Entrepreneurship Theory and Practice, 2015, 39 (2):267-298.

[144] Prithwiraj Nath, Subramanian Nachiappan, Ramakrishnan Ramanathan. The impact of marketing capability, operations capability and diversification strategy on performance: A resource-based view [J]. Industrial Marketing Management, 2010, 39 (2): 317.

[145] Aron O'Cass, Liem Viet Ngo, Vida Siahtiri. Marketing resource-capability complementarity and firm performance in B2B firms [J]. The Journal of Business & Industrial Marketing, 2015, 30 (2): 207-194.

[146] Daniele Severi Bruni，Gianmario Verona. Dynamic marketing capabilities in science-based firms：An exploratory investigation of the pharmaceutical industry [J]. British Journal of Management，2009，20 (S)：101-117.

[147] Stan Maklan，Simon Knox. Dynamic capabilities：The missing link in CRM investments [J]. European Journal of Marketing，2009，43 (11/12)：1392-1410.

[148] Jay Weerawardena. The role of marketing capability in innovation-based competitive strategy [J]. Journal of Strategic Marketing，2003，11 (1)：15-35.

[149] Liem Viet Ngo，Aron O'Cass. In search of innovation and customer-related performance superiority：The role of market orientation，marketing capability，and innovation capability interactions [J]. Journal of Product Innovation Management，2012，29 (5)：861-877.

[150] Douglas W Vorhies，Larry Yarbrough. Marketing's role in the development of competitive advantage：Evidence from the motor carrier industry [J]. Journal of Market-Focused Management，1998，2 (4)：361-386.

[151] M Billur Akdeniz，Tracy Gonzalez-Padron，Roger J Calantone. An integrated marketing capability benchmarking approach to dealer performance through parametric and nonparametric analyses [J]. Industrial Marketing Management，2008，39 (1)：150-160.

[152] Kyong Ryul Koo，Sang Jin Kim，Kyung Hoon Kim. The effects of internal marketing capability on export marketing strategy，B2B marketing mix and export performance [J]. Journal of Global Scholars of Marketing Science，2016，26 (1)：51-65.

[153] Hanssens Dominique M，Pauwels Koen H. Demonstrating the value of marketing [J]. Journal of Marketing，2016，80 (6)：173-190.

[154] Krasnikov Alexander，Jayachandran Satish. The relative impact of marketing，research-and-development，and operations capabilities on firm performance [J]. Journal of Marketing，2008，72 (4)：1-11.

[155] Batra Rajeev，Keller Kevin Lane. Integrating marketing communications: New findings，new lessons，and new ideas [J]. Journal of Marketing，2016，80 (6)：122-145.

[156] Cui Tony Haitao. Informational challenges in omnichannel marketing: Remedies and future research [J]. Journal of Marketing，2021，85 (1)：103-120.

[157] Miles R E. Organizational strategy，structure，and process [J]. The Academy of Management Review，1978，3 (3)：546-562.

[158] 任天飞. 市场营销学 [M]. 北京：北京交通大学出版社，2010.

[159] Denish Shah. The path to customer centricity [J]. Journal of Service Research，2006，9 (2)：113-124.

[160] Rust Roland T，Zeithaml Valarie A，Lemon Katherine N. Customer-centered brand management[J]. Harvard Business Review，2004，82(9)：110.

[161] Erwin Danneels. The dynamics of product innovation and firm competences [J]. Strategic Management Journal，2002，23 (12)：1095-1121.

[162] Webster Frederick E. The changing role of marketing in the corporation [J]. Journal of Marketing，1992，56 (4)：1-17.

[163] Coviello Nicole E. How firms relate to their markets: An empirical examination of contemporary marketing practices [J]. Journal of Marketing，2002，66 (3)：33-46.

[164] 林映光，孙岚，陈一君. 企业市场营销能力的综合评价 [J]. 科技情报开发与经济，2006 (19)：179-181.

[165] 王菲菲，王晓来. 基于营销资源的企业市场营销能力综合评价 [J]. 商业经济，2010 (12)：88-89.

[166] 马越峰，李建忠. 旅游企业市场营销能力综合评价研究 [J]. 生产力研究，2009 (24)：214-215，224.

[167] Boonghee Yoo，Naveen Donthu，Sungho Lee. An examination of selected marketing mix elements and brand equity [J]. Journal of the Academy of Marketing Science，2000，28 (2)：195-211.

[168] Srivastava Rajendra K, Shervani Tasadduq A, Fahey Liam. Marketing, business processes, and shareholder value: An organizationally embedded view of marketing activities and the discipline of marketing [J]. Journal of Marketing, 1999, 63 (4 _ suppl1): 168-179.

[169] Vorhies Douglas W, Morgan Neil A. Benchmarking marketing capabilities for sustainable competitive advantage [J]. Journal of Marketing, 2005, 69 (1): 80-94.

[170] Om Narasimhan, Surendra Rajiv, Shantanu Dutta. Absorptive capacity in high-technology markets: The competitive advantage of the haves [J]. Marketing Science, 2006, 25 (5): 510-524.

[171] Shantanu Dutta, Om Narasimhan, Surendra Rajiv. Success in high-technology markets: Is marketing capability critical? [J]. Marketing Science, 1999, 18 (4): 547-568.

[172] Vorhies Douglas W, Morgan Neil A. Benchmarking marketing capabilities for sustainable competitive advantage [J]. Journal of Marketing, 2005, 69 (1): 80-94.

[173] 简兆权，毛蕴诗. 动态核心能力的形成及其更新机制研究 [J]. 科学学与科学技术管理，2003 (07): 114-117.

[174] 邬爱其，贾生华. 国外企业成长理论研究框架探析 [J]. 外国经济与管理，2002 (12): 2-5，23.

[175] Dunne P, Hughes A. Age, size, growth and survival: UK companies in the 1980s [J]. Journal of Industrial Economics, 1994, 42 (2): 115-140.

[176] G Russell Merz, Matthew H Sauber. Profiles of managerial activities in small firms[J]. Strategic Management Journal, 1995, 16(7):551-564.

[177] 吕长江，金超，陈英. 财务杠杆对公司成长性影响的实证研究 [J]. 财经问题研究，2006 (02): 80-85.

[178] Delmar F. Measuring growth: Methodological considerations and empirical results [J]. Entrepreneurship & the Growth of Firms, 2006.

[179] Bruce Kogut, Udo Zander. Knowledge of the firm, combinative capabili-

ties, and the replication of technology [J]. Organization Science, 1992, 3 (3): 383-397.

[180] 程惠芳，幸勇. 中国科技企业的资本结构、企业规模与企业成长性 [J]. 世界经济，2003 (12)：72-75.

[181] 王青燕，何有世. 影响中国上市公司成长性的主要因素分析 [J]. 统计与决策，2005 (02)：61-63.

[182] 姚秋. 债务期限结构、公司绩效与成长性 [D]. 大连：东北财经大学，2006.

[183] 毛定祥. 基于时序立体数据表的上市公司成长性综合评价 [J]. 上海大学学报（自然科学版），2004 (06)：653-656.

[184] 吴世农，李常青，余玮. 我国上市公司成长性的判定分析和实证研究 [J]. 南开管理评论，1999 (04)：49-57.

[185] 纪志明. 税制结构与经济增长关系的经验分析 [J]. 企业经济，2004 (11)：172-174.

[186] 赵天翔，李晓丽. 高新技术创业企业的成长性评价 [J]. 华北电力大学学报（社会科学版），2003 (01)：31-34.

[187] 王怡. 中小企业板上市公司成长性影响因素研究 [D]. 成都：西南财经大学，2007.

[188] 符林，刘轶芳，迟国泰. 上市公司的成长性判定方法与实证研究 [J]. 财经问题研究，2008 (06)：71-77.

[189] 冒乔玲，许敏，韩长俊. 企业成长性综合评价方法研究——基于江苏省上市公司的实证检验 [J]. 财会通讯，2009 (15)：47-49.

[190] 孙烨. 公司治理结构与公司成长能力研究 [D]. 长春：吉林大学，2006.

[191] 曾江洪. 中小上市公司治理与成长性的关系研究 [D]. 长沙：中南大学，2007.

[192] Benston George J. The market for public accounting services: Demand, supply and regulation [J]. Journal of Accounting and Public Policy, 1985, 4 (1): 33-79.

[193] Guilford C Babcock. The concept of sustainable growth [J]. Financial

Analysts Journal，1970，26（3）：108-114.

[194] 纪志明. 上市公司成长性的行业特征分析［J］. 华南师范大学学报（社会科学版），2005（05）：62-66，159.

[195] 黄江红. 我国高科技上市公司成长性的实证研究［D］. 镇江：江苏大学，2006.

[196] 杨汝岱，陈斌开，朱诗娥. 基于社会网络视角的农户民间借贷需求行为研究［J］. 经济研究，2011，46（11）：116-129.

[197] 刘超，马惠琪，刘卫东. 软件企业智力资本对企业成长的影响机制研究［J］. 技术经济与管理研究，2008（05）：44-45，58.

[198] Krasnikov Alexander，Jayachandran Satish. The relative impact of marketing，research-and-development，and operations capabilities on firm performance［J］. Journal of Marketing，2008，72（4）：1-11.

[199] Douglas W Vorhies，Larry Yarbrough. Marketing's role in the development of competitive advantage：Evidence from the motor carrier industry［J］. Journal of Market-Focused Management，1998，2（4）：361-386.

[200] Fahy J. The resource-based view of the firm：some stumbling-blocks on the road to understanding sustainable competitive advantage［J］. Journal of European Industrial Training，2000，24（2/3/4）：94-104.

[201] Christos N Pitelis. The coevolution of organizational value capture，value creation and sustainable advantage［J］. Organization Studies，2009，30（10）：1115-1139.

[202] Huei-Ting Tsai，Andreas B Eisingerich. Internationalization strategies of emerging markets firms［J］. California Management Review，2010，53（1）：114-135.

[203] Graham Hooley，Amanda Broderick，Kristian Moller. Competitive positioning and the resource-based view of the firm［J］. Journal of Strategic Marketing，1998，6（2）：97-116.

[204] Tung-Lung Chang. Cultivating global experience curve advantage on technology and marketing capabilities［J］. International Marketing Review，

1996，13（6）：22-42.

[205] Conant Jeffery S，Smart Denise T，Solano-Mendez Roberto. Generic retailing types，distinctive marketing competencies，and competitive advantage [J]. Journal of Retailing，1993，69（3）：254-279.

[206] Jaideep Anand，Andrew Delios. Absolute and relative resources as determinants of international acquisitions [J]. Strategic Management Journal，2002，23（2）：119-134.

[207] Andreu Blesa. The effect of early international commitment on international positional advantages in Spanish and Belgian international new ventures [J]. Journal of International Entrepreneurship，2008，6（4）：168-187.

[208] 文必正，刘巨钦. 以资源为基础的企业成长方式的演进逻辑 [J]. 北京工业大学学报（社会科学版），2008（05）：31-36.

[209] 皮建才，杨雳. 中国民营企业的成长：逆向并购还是自主研发？[J]. 经济评论，2015（01）：66-76.

[210] 肖侠. 现代企业无形资产管理发展趋势研究 [J]. 社会科学辑刊，2011（06）：147-149.

[211] 孙楚仁，赵瑞丽，陈瑾，等. 政治关系、融资约束与企业出口行为——基于2004年世界银行“商业环境和企业绩效调查”中国企业数据的实证分析 [J]. 中南财经政法大学学报，2014（03）：140-149.

[212] 夏力，李舒妤. 政治关联视角下的政府补贴与民营企业技术创新 [J]. 科技进步与对策，2013，30（03）：108-111.

[213] 杨汉明，刘长进，杨婉君，等. 政策支持对科技型小微企业成长的影响 [J]. 统计与决策，2016（13）：181-184.

[214] 康志勇，周伟建，汤学良. 政府支持、能力建设与中国本土企业成长——来自中国微观企业的数据分析 [J]. 现代经济探讨，2018（05）：14-21.

[215] 戴浩，柳剑平. 政府补助对科技中小型企业成长的影响机理——技术创新投入的中介作用与市场环境的调节作用 [J]. 科技进步与对策，2018，35（23）：137-145.

[216] 霍江林. 不同融资约束情景下政府补助与企业成长——基于政府补助相关性分类的视角 [J]. 技术经济，2020，39 (10)：92-98.

[217] 田利辉，张伟. 政治关联影响我国上市公司长期绩效的三大效应 [J]. 经济研究，2013，48 (11)：71-86.

[218] 王一卉. 政府补贴、研发投入与企业创新绩效——基于所有制、企业经验与地区差异的研究 [J]. 经济问题探索，2013 (07)：138-143.

[219] 李玲，陶厚永. 纵容之手、引导之手与企业自主创新——基于股权性质分组的经验证据 [J]. 南开管理评论，2013，16 (03)：69-79，88.

[220] 邵敏，包群. 政府补贴与企业生产率——基于我国工业企业的经验分析 [J]. 中国工业经济，2012 (07)：70-82.

[221] 刘羽芬，张文隆. 公司治理对中国汽车企业绩效影响的实证研究 [J]. 生产力研究，2009 (24)：176-178.

[222] 方阳春，姚先国，赖普清. 上市高新企业高管薪酬及其效应的实证研究 [J]. 科研管理，2007 (04)：126-133.

[223] 魏成龙，许萌，杨松贺. 中国国有企业整体上市绩效研究 [J]. 经济管理，2012，34 (09)：61-76.

[224] 范黎波，马聪聪，马晓婕. 多元化、政府补贴与农业企业绩效——基于A股农业上市企业的实证研究 [J]. 农业经济问题，2012，33 (11)：83-90，112.

[225] 周亚虹，蒲余路，陈诗一，等. 政府扶持与新型产业发展——以新能源为例 [J]. 经济研究，2015，50 (06)：147-161.

[226] David Yermack. Higher market valuation of companies with a small board of directors[J]. Journal of Financial Economics，1996，40(2)：185-211.

后　记

提笔写后记，已是潸然泪下。

本书是在我博士论文的基础上修改而成的，求学的时光虽然漫长，相对我的研究生涯却是短暂的。博士学习的历程，让我对经济学理论知识有了更加系统、深入的认识，也让我对我所关注的企业成长有了新的研究角度和更为深刻的思考。对于论文中的未尽之处，在本书出版的过程中我努力地加以完善。博士毕业已经6年了，在实际的教学工作中，对论文观点又有了新的认知和理解，本书不仅对相关数据进行了更新，而且对部分思想观点进行了系统修正，尽管本书即将付梓，但我深知其中仍有一些不足之处，值得我在未来的研究生涯中持续关注。

本书的写作首先要感谢我的导师田银华教授，感谢恩师当年对于我执拗于研究方向的包容。论文是在导师的悉心指导、鼓励和支持下顺利完成的，从论文选题到论文定稿，导师提出了许多具有启发性、建设性的意见和建议。从恩师身上，我不仅学到了专业知识，还学到了做事、做人的情怀与方法。感谢师母，平时虽然见面不太多，我喜欢她的性格，她的热情，她对家庭默默的付出……感谢师母对我的关心，更感谢师母对我的理解。

同时，我真诚地向刘长庚教授、陈赤平教授、楚尔鸣教授、龚志民教授等诸位老师表示感谢。感谢亦生亦友的欧阳文静老师与我在研究方法上的讨论。我为自己汗颜，但未来的路还很长，我会加油的。

幸运的是，这么多年一直有许多的朋友帮助我，支持我。我从谭燕芝教授身上学到了拼搏人生，巾帼不让须眉的气概与勇气，还有文艺、小波、霞霞、薇薇、钟波等，我们是同窗、闺蜜、同事，也是战友，在学习上相互鼓励，在生活中彼此分享。其他对我学习、工作和生活提供过帮助的朋友，在此一并表示感谢！

最后，我还要感谢我的家人，感谢母亲一直以来对我的信心，尽管她身患严重抑郁症，但一直坚持吃药，没有给我添加任何麻烦，还在我忙不过来的时候过来帮我照顾小孩；感谢父亲在天之灵对我的眷顾，每当情绪低沉时，我仰望星空，总是感觉有力量在指引我；感谢先生开导我，陪伴我，承受了我太多因压力的情绪宣泄，总是提醒我生活中不仅有博士论文，还有诗和远方；感谢儿子能健康努力地成长，一直激励我做个好榜样。本书凝结了他们的爱、陪伴和温暖！

谨以此书献给所有陪伴我一起走过泪水与欢笑的老师、亲人和朋友们！

张 立

2022 年 5 月